DROEMER

THILO MISCHKE

ALLES MUSS RAUS

Notizen vom Rand der Welt

Besuchen Sie uns im Internet:
www.droemer.de

Aus Verantwortung für die Umwelt hat sich die Verlagsgruppe Droemer Knaur
zu einer nachhaltigen Buchproduktion verpflichtet. Der bewusste Umgang mit
unseren Ressourcen, der Schutz unseres Klimas und der Natur gehören zu unseren
obersten Unternehmenszielen. Gemeinsam mit unseren Partnern und Lieferanten
setzen wir uns für eine klimaneutrale Buchproduktion ein, die den Erwerb von
Klimazertifikaten zur Kompensation des CO_2-Ausstoßes einschließt.
Weitere Informationen finden Sie unter: www.klimaneutralerverlag.de

Originalausgabe März 2022
Droemer Verlag
© 2022 Droemer Verlag
Ein Imprint der Verlagsgruppe
Droemer Knaur GmbH & Co. KG, München
Alle Rechte vorbehalten. Das Werk darf – auch teilweise – nur mit
Genehmigung des Verlags wiedergegeben werden.
Redaktion: Jan Strümpel
Covergestaltung: Phuc Vinh Hoang
Coverabbildung: Nikita Teryoshin
Satz: Adobe InDesign im Verlag
Druck und Bindung: GGP Media GmbH, Pößneck
Printed in Germany
ISBN 978-3-426-27872-7

Für Oma

+++++

Inhalt

01
»Mit dem Tod beginnen«

Ich sitze sehr unbequem, mein Bauch quält sich am Gurt vorbei, ein Arm hinter dem Kopf, die Knie viel zu nah am Körper, die Füße verdreht unter den Vordersitz geschoben. So, wie ich sitze, denke ich auch gerade nach. Ich habe unbequeme Gedanken.

In dieser Landschaft, hier mitten in El Salvador, hat der Tod sein Zuhause, denke ich und verwerfe diese Überlegung schnell, weil sie kitschig ist, nicht angebracht für das, was ich hier sehe. Der Tod wohnt nirgends, versteckt sich nicht, er ist immer gegenwärtig. Besonders hier.

Aus einem T-Shirt habe ich mir ein Kopfkissen gebaut, eine Tüte Nüsse auf dem Sitz neben mir, mit der Stirn lehne ich mich gegen die Autoscheibe. Mein Arm soll die unebene Straße ausgleichen, damit mein Kopf nicht gegen die Scheibe schlägt. Ich sitze in einem Minibus, ein Team um mich herum, und fahre an einen Ort, an dem ich sterben könnte. Es macht mir aus einem einfachen Grund keine Angst. Keine Angst mehr. Dass ich an Orte fahre, die mit Tod assoziiert werden, ist in den letzten sechs Jahren häufig geschehen. Und ich habe mich daran gewöhnt, ich nenne es jetzt Normalität.

Meine Eltern, mein Bruder, meine Freunde nennen es bescheuert. Ich könnte mich verrückt machen. Ich könnte mich an der nachvollziehbaren Furcht verrückt machen, wie ein Flugängstling könnte ich alle Variationen eines grausamen Endes durchdenken, sie geistig sezieren und in meinem Kopf immer wieder hin und her werfen. Aber ich tue es nicht. Wie ein Steward, der keine Angst vor dem Fliegen mehr hat, nicht haben kann, weil ja nichts passiert, arbeite ich mich gefährlich nah an mein eigenes Ende heran.

Ich habe die Fähigkeit entwickelt, auf langen Autofahrten mit einem Auge aus dem Fenster und mit dem anderen aufs Handy zu blicken. So bekomme ich beides mit, das Vertraute und das Fremde, und kann gleichzeitig über das Fremde, das Ferne und die Heimat nachdenken.

Die Straßen sind schlecht, mein Kopf schlägt gegen die Fensterscheibe, ich schiebe mein T-Shirt-Kissen weiter nach oben. Der Akku meines Telefons zeigt noch 20 Prozent an. Ich schreibe einem Freund eine Nachricht: »El Salvador ist ein furchtbares Loch.«

Ich sehe also einäugig hinaus, höre Musik und versuche mich wach zu halten. Denn ich bin erschöpft, dieses Land hat mir jede Kraft geraubt, wie kaum ein Land zuvor. Das Team schläft, der Fahrer hört leise spanische Schlager, der Journalist, der mich durch dieses Land begleitet, raucht Zigaretten und pustet den Rauch durch den Fensterschlitz. Wir sind eine stille, erschöpfte Reisegruppe.

El Salvador ist kein schöner Ort, wirklich nicht. Wird es niemals sein, dessen bin ich mir sicher. Dieses Land müsste nicht nur seine Geschichte aus Bürger- und Bandenkriegen vergessen, es müsste auch sehr viel düngen. Alles ist gelb: die Sträucher, der Boden, der so arm an Nährstoffen ist, dass er sich ohne Mühe vom Wind wegtragen lässt. Oft sehe ich Windhosen und Steppenhexen, das Unkraut, das wie in einem Westernfilm von links nach rechts geweht wird. Egal, wo ich mich aufhalte, eine dünne Staubschicht liegt auf meinem Gesicht, schminkt mich matt, nimmt mir den öligen Film, der allen hier, bei dieser Hitze, im Gesicht steht.

Ich schmecke den Sand, wenn ich mir über die Lippen lecke, und weil es so heiß ist jeden Tag, vom frühen Morgen, bis die Sonne untergeht, schwitze ich, schwitzen wir alle unerträglich. Der Staub klebt überall, wo die Haut feucht ist.

Die Häuser gelb, das Essen auch. Nichts hier hinterlässt einen Eindruck, der mich mehr fühlen lässt als Langeweile. Und ich schäme mich deswegen, denn ich müsste Angst empfinden. Wer sich in El Salvador langweilt, der ist reich. Oder nicht von hier.

Alles ist gedämpft in diesem Land, als hätte man eine Pferdedecke über dem Kopf und würde durch sie die Welt betrachten. Es gibt keine Geräusche, kein Vogelzwitschern, kein lautes Gerede der Menschen, selbst der Straßenverkehr ist still. Es ist schwer vorstellbar, aber ich habe es beobachten können. Die Menschen in El Salvador verhalten sich, als wären sie in einer Bibliothek. Alle laufen hier mit gebeugten Schultern über die Straßen, gesprochen wird nur im Flüsterton. Es könnte jemand zuhören, es könnte jemand petzen. Jedes öffentlich gesprochene Wort kommt einer Gefährdung gleich, könnte dazu führen, dass man erschossen wird, erhängt, aufgeschlitzt, vergewaltigt, zerschunden, aber so, dass es den Geschundenen noch lange quält, bevor er endlich stirbt.

Das Gelb passt nicht zur Gewalt, die hier täglich, ach, minütlich stattfindet. Diese Farben passen nicht zum hier erlebbaren, sichtbaren Grauen.

Reportagen zeigen Menschen gern fröhlich in ihrer globalen Armut. Früher dachte ich, Länder, in denen Gewalt herrscht, sind laut und bunt, versuchen das, was den Alltag ausmacht, mit Auffälligkeiten zu verstecken. Große Feste in El Salvador, die den Tod ehren, verstecken die Allgegenwärtigkeit des Todes, Paraden durch die Straßen der Hauptstadt, die wie eine Maske über die Wirklichkeit gelegt werden. Vielleicht sind die Bilder aus den Favelas in Brasilien schuld daran, Bilder von tanzenden Menschen, die Rum trinken und lachen. In ihren Augen ist das Irre der Welt, in der sie leben, zu erkennen, sie blicken anders, da ist keine Ruhe, keine echte Freude, nur Ablenkung. In vielen dieser Blicke liegt das endgültige Erlöschen eines Lebenstraums.

Aber El Salvador ist ein Land, das stirbt.

Mein Kopf schlägt trotzdem gegen die Scheibe. Die Straßen werden noch schlechter, wir fahren vorbei an Dörfern, nach deren Namen ich nicht frage. Häuser, windschief, und vergitterte Fenster, damit niemand einsteigt und das wenige stiehlt, das sich Menschen hier leisten können. Meist sind das eine Schrotflinte, ein Röhrenfernseher und eine mobile Klimaanlage, für die Kinder im Hof ein Fahrrad. Wie Maismehl liegt der Staub auf den grünen Kakteen, die am Rand der Straße wie versteinerte Anhalter stehen.

Seit 48 Stunden bin ich wach. In diesen 48 Stunden habe ich mich mit den Anführern der rivalisierenden Gangs getroffen, wir saßen im Hinterraum einer Tankstelle zusammen und diskutierten, warum der einzige Ausweg aus der Armut diese unberechenbare Gewalt ist. Wir saßen dort in der ständigen Angst, jemand könnte eine Handgranate in den Raum werfen. Wir waren in Gefängnissen, in denen die Insassen nichts mehr hatten als die Tattoos in ihren Gesichtern, vollkommen entmenschlicht, wie Kriegsgefangene im eigenen Land, blickten sie zu mir und in die Kameras, die sie filmten. Da war kein Gefühl, keine Zartheit mehr, da war die Erschöpfung von Männern, die noch am Leben sind, die eigentlich tot sein sollten. Die Gewalt, die hier herrscht, vermengt sich mit meiner Müdigkeit zu einem Rausch. Das Ungewaschene, das Durchgemachte, es unterscheidet sich nicht vom Ungewaschenen und Durchgemachten meiner Jugend in Berlin. Weil ich dieses Leben hier nur beobachte, nicht Teil davon bin, ist es ein Rausch. Die Erschöpfung, die sich aus dieser gefährlichen Neugierde ergibt, erinnert mich an die Zeit, als das Wochenende am Donnerstag nach meinem Abitur begann und mit meinem dreißigsten Geburtstag endete.

»Wir müssen jetzt schneller fahren«, sagt der Fahrer. »Und nehmt die Köpfe vom Fenster weg.« Sein Ton lässt nichts Unnormales vermuten. Er sagt es, weil die Menschen in dieser Gegend nördlich von San Salvador, der Hauptstadt, auf vorbeifahrende Wagen schießen. Hier kann man noch stehlen, Autos haben keine Gitterstäbe und mit uns Passagieren einen verletzlichen Kern, der sich schnell töten lässt. Wir rasen. Wenn wir nicht erschossen werden, denke ich, stürzen wir die Böschung hinab. Und vermutlich werden wir dann erschossen. Furchtbare Gedanken. Ich denke solche Sätze wirklich.

Die Landschaft verändert sich, es geht in die Hügel, die San Salvador umgeben. Wir fahren immer tiefer hinein in dieses Land, das die meisten nicht mal aus den jährlichen Gewaltstatistiken kennen, kalten Zahlen, die uns ein Gefühl von Sicherheit geben. Statistiken, die ich wie eine Reisempfehlung lese.

Wir wissen, bei uns zu Hause sterben nicht Tausende Menschen jedes Jahr durch Waffen, durch Ganggewalt. Bei uns sterben nicht Tausende junge Frauen und Männer durch Fäuste, Penisse, Messer, zerdrückt durch eine Wut, die nur Verzweiflung erzeugen kann.

Ich kurble das Fenster ein wenig herunter, will rauchen, atme durch den Schlitz. Die Luft ist schon kühler, weil wir weiter oben sind.

»Wir sind bald da«, sagt der Fahrer. Er biegt ab, die Straße wird zum Feldweg, zum schmalen Grat, durch die verstaubten Scheiben sehe ich ein Tal. Als wir aussteigen, ich den Rücken durchdrücke und unbeteiligt »Puh« sage, rieche ich zum ersten Mal in meinem Leben den Tod.

An einem Samstag ruft mich meine Mutter auf dem Telefon an. Das ist eher ungewöhnlich, sie schreibt üblicherweise schwer verständliche SMS, die sie mit Siri diktiert. Etwas muss passiert sein. Ich ahne, was, will es aber nicht denken. Als ich das Telefonat annehme, höre ich meine Mutter aufgeregt weinen. »Komm schnell ins Krankenhaus«, sagt sie und holt zwischen jedem Wort Luft. Und ich weiß, was das bedeutet.

Oma stirbt.

Ich habe keine Angst. Auch, weil ich in El Salvador war. Auf meinen Reisen habe ich sehr viel gelernt, doch wohl nichts war wichtiger als das, was ich über das Sterben, den Tod erfahren habe, über das Leid, das damit einhergeht. Ich habe die Angst verloren.

»Ich hole Berti«, sage ich. Und rufe meinen Bruder an. Auch er weint.

Und dann weine ich.

Ich weiß nicht, warum das erste Kapitel gleich mit dem Tod beginnt. Ich weiß nur, dass dieses düstere Thema das allererste war, über das ich nachdachte, als die Idee zu diesem Buch entstand. Und ich erinnere mich an ein Gefühl großer Lust, darüber zu schreiben. Gleichzeitig empfand ich eine große Furcht. Ich wollte unter keinen Umständen etwas Altkluges aufschreiben, »Was man vom Leben lernt« bla bla. Das sollte nicht passieren, und ich will es verhindern.

Vielleicht wollte ich mit diesem Kapitel gleich das Schwere, das Harte abarbeiten, damit wir uns den fröhlichen Seiten des Lebens widmen können. Aber ich ahnte, bevor ich überhaupt ein weiteres Kapitel geschrieben hatte, dass dieses Buch nicht lustig werden wird.

Gedanken über den Tod machte ich mir schon, lange bevor mir klar wurde, dass ich aus dem Erlebten der letzten Jahre ein Buch machen möchte. Er hat mich begleitet, er war oft, zu oft dabei. Ich will davon erzählen, weil ich in den letzten Jahren verstanden habe, dass nicht normal ist, was wir – ich, das Team – auf unseren Reisen erleben. Es hinterlässt Spuren auf meiner Seele. Das Erlebte hat mich verändert, und zwar so fundamental, dass ich daran zerbrechen könnte. Es ist nicht normal, obwohl es für mich Normalität ist.

Aber warum schreibe ich es auf? Warum erzähle ich es nicht einfach meinen Freunden, meinem Bruder, meinen Eltern?

Das ist leicht zu beantworten: Niemand fragt mich danach.

Und das ist in Ordnung. Weil kaum jemand die Fragen dazu kennt. Wenn ich von meinen Reisen wiederkomme, heißt es oft: »Wie war's?« Und ich kann nur antworten: »War okay.« Dann ist oft Schluss.

Auf Partys will selten jemand wissen, wie der Tod aussieht, ob Kabul schön ist, wie die Kämpfer des IS so drauf sind. Und ich traue mich nicht, davon zu erzählen. Früher habe ich das gemacht, meist sind die Menschen dann rückwärts aus dem Raum gegangen oder haben mir nicht geglaubt. Wenn ich davon erzähle, wie ich mit Yanomami-Indianern schwimmen ging, wenn ich sage, dass ein Faultier auf dem Kopf stinkt und in echt nicht niedlich ist, wenn ich berichte, wie es ist, beschossen zu werden, dann sind das Geschichten, die spannend klingen, die sich aber kaum jemand erzählen lassen will. Die kaum jemand verstehen kann,

Jede Leserin, jeder Leser dieses Buches muss jetzt zuhören. Tja. Aber Sie können dieses Buch auch wieder weglegen. Im Gespräch kann man nicht einfach aufhören zuzuhören – also kann man schon, ist aber extrem unhöflich.

Für die meisten Menschen ist, was ich erlebe, ein Abenteuer, eine große Reise. Manche glauben, dass ich Urlaub mache, weil ich im Ausland bin. Ich finde das nicht schlimm, es macht mich nicht traurig. Aber wer mich nicht nach dem fragt, was ich erlebe, kann auch nicht einschätzen, wie er mit mir umgehen soll, und damit nicht erkennen, ob es mir gut geht.

Dieses Nicht-erzählen-Können stellt ein großes Problem für mich dar. In meinem Leben ist eine seelische Leerstelle entstanden. Und an dieser Kluft zwischen dem Bedürfnis, von meinen Erlebnissen zu erzählen, und der Abwehr derjenigen, die mir zuhören könnten, sind Freundschaften zerbrochen. Auch an der Kluft zwischen meiner eigenen Gedankenwelt und meiner Unfähigkeit, Themen meiner Heimat, der Berliner Wirklichkeit, wertzuschätzen. Hat der beste Freund den Auftritt mit seiner Band gemeistert? Ist die Bekannte schwanger, hat der andere Freund seine Steuererklärung hinbekommen? Ich kann mich darauf nicht konzentrieren, obwohl ich es doch so sehr will. Doch wie soll ich das tun? Wie soll ich mich konzentrieren, wenn mich gerade umtreibt, ob ich mir auf der illegalen Atommüllhalde in Italien die Strahlenkrankheit geholt habe.

Mit meinen Gedanken allein gelassen, hilft mir, was mir immer geholfen hat, ich schreibe sie auf. Aufgeschriebenes ist ein viel intensiveres Produkt meiner Gedanken als Fernsehen, kurze Reportagen oder Podcasts. Da existiert nur ein Filter, nämlich der meiner Erinnerungen.

Ich würde niemals behaupten, dass meine Erlebnisse mich zu einem besseren Menschen gemacht haben, das wäre vermessen. Nein, aber ich habe ein Leben, das ich nicht mehr mit anderen Leben abgleichen kann. Mir fehlt die Beruhigung, in den Lebensverläufen, Lebenskonzepten anderer Menschen Muster finden zu können, die mir eine Richtung weisen. Aber ich vermute, das geht nicht nur mir so.

Als wir ankommen, sagt der Mann, den wir heute in El Salvador begleiten, dass wir uns beeilen müssen. Er ist Forensiker, er verdient sein Geld damit, dass er Tote ausgräbt und zu ermessen versucht, woran sie gestorben sind. Auf unnatürliche Weise sind sie alle gestorben, er will aber herausbekommen, ob die Menschen an einem Messer in der Brust, wegen abgeschlagener Gliedmaßen, infolge einer Vergewaltigung, an Drogen oder einer Kugel im Kopf verreckt sind.

Er ist ein kleiner, dünner Mann, der seinen Beruf nur durch einen befremdlichen Sinn für Humor erträglich gestaltet. Er macht Witze mit Toten, über Tote. Filmt mit seinem Handy wackelige Videos, auf denen zerstückelte Leichen zu sehen sind. Er lädt sie später nicht bei Reddit hoch, sondern zeigt sie seinen Studenten. Forensiker ist in El Salvador ein gefragter Beruf.

»Wir müssen uns beeilen, hier sind oft Scharfschützen«, sagt er und zeigt auf die Felswand gegenüber. Dort würden sie auf die Nacht warten, darauf, dass die Polizei die Leichen nicht schnell genug findet. Sie warten dort und graben später die frischen Toten aus, um sie an einer anderen Stelle wieder zu verstecken.

Sie, das sind die Gangs dieses Landes, die Gangmitglieder von Mara-13, Barrio 18 und unzähligen Ablegern, Splittergruppen. Sie, das sind Mitglieder von Selbstjustizgruppen, abtrünnige Polizisten und Jugendliche. Dem Opfer ist der Täter egal, denke ich, als der Forensiker aufzählt, wer uns heute in der Dämmerung alles erschießen könnte.

Wir nehmen Wasser aus dem Auto mit. Es ist 40 Grad heiß, ein getrocknetes Tal, ein vertrockneter Flusslauf, hier ist kein Leben mehr zu finden, der Boden ist hart. Ich rutsche in meinen Schuhen über das Geröll.

»Dahinten«, sagt der Forensiker und zeigt auf eine Plane mitten in der Landschaft, ein weißes Viereck, das im Wind flattert, das den einzigen Schatten im ganzen Tal wirft. Ich weiß, dort, wo keine Sonne scheint, wartet das Leid.

Ich sehe drei Männer in der Ferne. Ein Assistent, zwei Polizisten. Und einen Zivilisten, ein älterer Mann, Hände in der Hüfte, eine Zigarette im Mundwinkel.

»Wer ist das?«, will ich wissen. Ich bin misstrauisch, Menschen ohne Uniform sind in diesem Land gefährlich.

»Der Vater«, sagt der Forensiker.

»Wie, der Vater?«

»Na, der Vater des Jungen, den wir heute versuchen zu finden.«

Damit hatte ich nicht gerechnet. Ich wusste, dass wir diesem kleinen Mann heute bei der Arbeit zusehen, ich wusste aber nicht, dass wir tatsächlich eine Leiche bergen werden. Und schon gar nicht, dass ein Verwandter anwesend ist. Der Vater eines 17-Jährigen, der seit drei Tagen vermisst wird.

»Riechst du das?«, fragt mich der Forensiker, bevor ich überhaupt verstehe, dass ich im Verlauf des Tages nicht nur mit dem Tod und einer echten Leiche konfrontiert werde, sondern auch mit der unausweichlichen Trauer.

Ich atme tief durch die Nase ein, und dann ist da dieser Geruch. Ein seltsamer Geruch. In Serien und Filmen, in denen Menschen verwesen, sagen die Schauspieler, die Kommissare und Profiler spielen, oft den Satz: Tod riecht einzigartig. Süßlich.

Dem möchte ich widersprechen. Tod riecht nicht süßlich, nicht einzigartig. Ich kenne diesen Geruch. Es riecht nach Mikroben, die ihre Arbeit machen, nach Würmern, die nagen und verdauen, nach Kompost, Pilz, Waldboden, nach Wildschwein, das am Ufer eines Sees übernachtet hat und nun mit feuchtem Bauch Kastanien sucht, es riecht in seiner befremdlichen Vollkommenheit nach Natur, es riecht lebendig, nach allem, was das Leben sein könnte.

Auf unzähligen Spaziergängen durch Brandenburg habe ich diese Verwesung gerochen. Dieser Geruch, den wir schon als Kinder wahrnahmen, wenn wir das Kinn auf unser schorfiges Knie lehnten, die Nase nah an der Wunde, ist unvergesslich. Er riecht sanft, warm, nach Sommer. Dieser Geruch trägt die Erfahrung des Stürzens und Wiederaufstehens in sich. Das kann dieser Geruch. Und er riecht nur so, weil wir ihn als Wind im Wald kennen oder als Ahnung, als Millisekunde einer Erinnerung an unser aufgeschürftes Knie.

Wir in Deutschland kennen diesen Geruch nicht in seiner Gänze. Das Verwesen eines Körpers in der mittelamerikanischen Sonne, eines Körpers, der nicht tief vergraben ist, riecht anders. Dieser Geruch schlägt einen tiefen Pfad in die Nasenlöcher, reißt ein Loch in unsere Wahrnehmung, in das, was wir über Gerüche wissen, was Gerüche sein können.

Der Geruch des Todes ist von langer Dauer. Von großer Intensität. Gerüche verfliegen normalerweise, dieser aber pflügt sich durch die Öffnung meiner Nase in mein Hirn. Und er bleibt, setzt sich dort fest.

An viele Gerüche gewöhnen wir uns: Scheiße auf Festivaltoiletten, die Achsel des Mannes in der U-Bahn im Hochsommer, der Mundgeruch des Lehrers. Der unangenehme Geruch ist noch da, doch unser Gehirn blendet ihn aus.

Nicht so mit dem Geruch dieses Jungen dort unter der Erde. Er steht in der Luft, legt sich auf meine Zunge, dringt in meine Lungen, senkt sich auf die Blätter und Bäume um mich herum. Wie ein schwarzes Laken senkt er sich auf die Landschaft und lockt die Geier und Gerichtsmediziner und Journalisten an.

Er liegt auf meinen Händen, im Schweiß meines Gesichtes. Er geht nicht weg, er bleibt. Egal, wohin ich rieche, da ist dieser Junge. Da ist dieser Tod. Er lauert, er wartet, er schleicht sich heran, als Duft. Ja, als Duft.

Mir wird nicht schlecht, ich fühle mich nicht bedrängt dadurch.

»Ja«, sage ich. »Ich kann es riechen.«

»Man gewöhnt sich nie daran«, sagt der Forensiker und macht dann etwas, das ich aus dem Fernsehen kenne: Er schmiert sich Minze unter die Nase.

»An die Arbeit!«, sagt er und wirft mir einen Spaten zu. »Hilf mir, die Leiche auszugraben.«

Ich nicke dem Vater zu, er will nicht in das Grab sehen, unter die Plane. Der Vater nickt zurück. Er lächelt unter den Tränen in seinem Gesicht.

Ich wusste, Oma würde sterben, als ich meinen Bruder anrief. Er ging sofort ans Telefon und legte dann schnell wieder auf. Wir trafen uns am Krankenhaus Friedrichshain. Hier wurde ich geboren, hier sollte nun meine Großmutter sterben.

Ein Novembertag in Berlin, ungewöhnlich sonnig. Ich fuhr am Leninplatz vorbei, der heute Platz der Vereinten Nationen heißt, aber meine Oma bestand stoisch darauf, den alten Namen zu sagen. Ich fuhr am Volkspark vorbei. Hier war ich zum ersten Mal rodeln, hier hat meine Oma Schutt hingebracht, nach dem Krieg. Alles in dieser Stadt ist meine Familie, jede Ecke eine Geschichte.

Ärzte, deren Erfahrungen mit dem Tod einen Blick ermöglichen, der jeden Angehörigen Anteilnahme erfahren lässt. Anteilnahme für meine Mutter an einem Bett in der Intensivstation. Ich nehme die Hand meines Bruders.

Und dann ist da meine Oma. Eine Stalinistin, eine politische Person, eine Juristin, die in den Sechzigern alleinerziehend ihr Staatsexamen an der Humboldt-Universität machte.

Sie lag dort, in dem Raum, ihr Mund geöffnet, die Augen geschlossen, schwer atmend. »Neunundsiebzig«, dachte ich. »Ist doch kein Alter, um zu sterben.« Sie atmete tief, wie ein

Leistungssportler, kurz nachdem er das Ziel erreicht hat. Oma hatte das Ziel erreicht. Meine Mutter weinte, ebenso tief und schwer, hielt ihre Hand.

»Noch nicht sterben«, weinte sie. »Noch nicht, Mutti.« Sie sagte »Mutti«, nicht »Oma« oder »Karin« wie sonst.

Und dann begannen auch mein Bruder und ich zu weinen. Ein neuer Schmerz war das, ein anderes Verzweifeln. Die Aneinanderreihung von negativen Erfahrungen wappnet uns für schwere Momente im Leben. Auf das, was hier geschah, kann nichts vorbereiten. Das Krankenhaus ist ein Ort der Unausweichlichkeit. Oma vergeht. Eine echte Tatsache. Der Tod ist eine der wenigen Tatsachen des Lebens. Ich könnte jetzt sagen, ich hasse den Tod, aber das ist kindisch, es ist albern. Dieser Raum, die kleine, zarte Hand meiner Oma in meiner Hand, die Kanüle in ihrem Arm – das war eine Tatsache, und sie war unhintergehbar. Die Krankenschwester stand neben dem Bett. Um den Zustand meiner Oma einzuschätzen, musste sie nicht in ihr Gesicht sehen, es reichte ein Blick auf die Monitore, und dann flüsterte sie: »Frau Späth stirbt jetzt.« Es hat meinen Bruder, meine Mutter und mich beruhigt. Ich habe Oma aus dem Automaten einen Kaffee gezogen und auf die Maschine gestellt, die ihrer Familie zeigt, dass es bald vorbei ist.

Es roch nicht mehr nach Krankenhaus, sondern nach Instantkaffee.

»Noch ein bisschen«, sagte Mutter. »Noch einmal einatmen.« Meine Mutter kämpfte gemeinsam mit meiner Oma um jeden Atemzug.

Ich nahm ihre Hand fester, meine Mutter streichelte die Stirn, und als mein Bruder, meine Mutter und ich Oma berührten, wurde die Atemfrequenz geringer, da war ein zartes Zittern, ein Nervengewitter. Dann verschwand das Leben, und ihr Gesicht wurde zu einer Maske.

Die Möglichkeit, mit den Menschen etwas gemeinsam zu erleben, nimmt immer mehr ab. Erst sind es die Geburtstage. »Komm mal dieses Jahr«, sagte meine Mutter im April. »Wer weiß, wie lange Oma noch durchhält«, scherzte sie. Dann bleiben Monate. Dann Tage. Und irgendwann hofft man sich von Atemzug zu Atemzug.

Oma war dabei, als ich geboren wurde, ich war dabei, als sie starb.

Mit einem langen Stock sticht der Forensiker in den trockenen Boden. »Probier du mal«, sagt er und reicht mir das Rohr, wie Schilf fühlt es sich an. Ich lege es zwischen meine Finger und stoße nach fünfzig Zentimetern auf etwas Weiches. Denke sofort an die Augen eines Menschen.

Es ist unerträglich heiß, das Wasser ist alle, niemand kann etwas trinken. Ich kaue Kaugummi und versuche mit dem Rest Spucke, den ich noch habe, Feuchtigkeit in meinen Körper zu zwingen. Der Vater sitzt im Halbschatten und raucht weiter, raucht und raucht. Atemzug für Atemzug. Manchmal kommt er herunter und fragt, ob wir schon etwas wüssten. Er hat vergessen, dass ich ein Journalist bin, glaubt, ich gehöre zum Team der Polizisten. Aber auch ich habe vergessen, dass ich ein Journalist bin. Helfe einfach stoisch mit, grabe, räume Erde weg, grabe weiter.

Ich spüre, wie meine Haut verbrennt, schon verbrannt ist. Ich trage mein Kissen-T-Shirt aus dem Auto als Kopfbedeckung.

»Das ist sein Bauch«, erklärt mir der Forensiker, und seine Stimme klingt, als hätten wir einen Fisch gefangen. Aus dem Loch im Boden, durch das ich das Rohr schiebe, steigt Verwesung auf. »Jetzt legen wir ihn frei«, sagt er, mit einer Stimme, als würde er einen Schatz heben. Er nimmt eine Gasmaske aus der Tasche, wirft mir eine zu.

»Das wird stinken«, sagt er. Und erklärt mir, dass er mit dem Stöckchen die Lage des Körpers unter der Erde erspüren kann und wie verwest eine Leiche ist. Bevor wir graben, rauchen wir zusammen, ich, der Vater, der Forensiker. Er braucht eine Pause, bevor er die finalen Spatenstiche setzt. Der Vater bleibt geduldig.

Der Forensiker weiß, dass er dem Mann gleich sagen wird, dass sein Sohn tot ist. Der Vater allerdings hofft noch. Er hofft, dass sein 16-jähriger Sohn wie so viele 16-Jährige auf der Welt nur Blödsinn macht. Mit dem Auto ans Meer gefahren ist, Bier trinkt, bis er kotzen muss, eine Frau küsst. Der Sohn wird sich noch melden. Auch ich denke jetzt: »Ruf doch an, bitte lieg nicht dort unter der Erde.«

Der Mann hofft nicht so wie ich, dass sein Sohn nicht tot ist, umgebracht von einer Gang. »Er sollte doch eine Ausbildung anfangen«, sagt er. »In zwei Wochen.«

Verschwunden ist der Sohn vor sechs Tagen, er war auf einem Sportplatz, hat sich dort ausgetobt. Das erzählt der Vater, die Stimme sanft. Sie ist kurz davor zu brechen.

Ich weiß, dass der Vater lügt. Die Polizei, der Forensiker, alle, mit denen ich vorher gesprochen habe, sagen mir, dass Eltern nicht wissen wollen, was ihre Kinder machen. Sie verschließen die Augen davor, denn dieses Land bietet wenig Gelegenheit, stolz auf den eigenen Nachwuchs zu sein. Der Sohn, vermute ich, wird Mitglied in einer Gang gewesen sein. Vielleicht wollte er in eine aufgenommen werden. Die Rituale für Männer sind: Überlebe eine Massenschlägerei, die für Frauen: Überlebe eine Massenvergewaltigung. Vielleicht hat er sich mit der falschen Gang angelegt? Niemand weiß es hier, es wird nicht herauskommen, wer ihn umgebracht hat. Nur: wie er gestorben ist. Das wird deutlich werden.

Als die Geräte abgestellt werden, ist meine Oma seit zehn Minuten tot. Und meine Mutter lacht, erzählt einen Witz, durch einen Vorhang aus Trauer hindurch. Sie hat mich gebeten, niemals irgendjemandem zu erzählen, was sie dort am Totenbett sagte. Ich mach's trotzdem: Oma hat gerne bei Edeka Klopapier geklaut. In den letzten Monaten ihres Lebens war es die große Aufregung, der große Spaß. Und das als Juristin. Wir lachen. Oma auch.

Noch am Abend vor ihrem Tod diskutierten wir über Politik, über die AfD, und ich erzählte ihr nach 15 Jahren, dass ich Mitglied der SPD bin. Das hätte ich ihr nie verraten sollen, aber ich hatte das Gefühl, es ist Zeit, ihr das zu sagen.

In den Wochen vor ihrem Tod bin ich mit ihr beim Arzt gewesen, wir haben sudanesisches Essen bestellt und zusammen *Traumschiff* geguckt.

Wir waren alle da. Niemand hat meine Großmutter alleine gelassen, sie musste sich nicht einsam fühlen.

Als der Körper freigelegt ist, stehe ich an einer Wegscheide. Ich kann jetzt hingucken oder wegsehen, denke ich. Einfach gehen, einfach zum Vater hin, sagen, ich halte das nicht aus, und mich ins Auto setzen. Ein Trauma weniger.

Aber ich entscheide mich für den Anblick. Ich will nicht, dass jemand sieht, wie sehr ich mich davor fürchte, schließe zunächst meine Augen. Der Forensiker macht Fotos. Klick. Er beschreibt in ein kleines Diktiergerät, was er sieht. Klick.

Langsam öffne ich die Augen, die Nachmittagssonne strahlt in meine Pupillen hinein, blendet mich. Mein Kopf steht in einem Winkel, dass ich den Rand dieses kleinen Grabes sehe, aber noch nicht die Leiche darin. Dann bewege ich mich langsam nach vorne, taste mich mit dem Sehnerv an das, was ich gleich sehen werde. Und nie wieder vergessen kann.

Die Gasmaske macht das Atmen schwer. Ich höre mich ein- und ausatmen. Habe Angst, dass ich in den Rüssel meiner Maske kotzen muss, wenn ich die Leiche erblicke. Ich sehe ein Gesicht. Ich sehe Hände, die auf der Brust gekreuzt sind und seine Beine festhalten, die ihm mit einer Machete abgeschlagen wurden. Ich sehe kein Blut, nur viele Pastelltöne, die seine Haut beschreiben. Ich sehe den Tod eines Menschen, der nicht friedlich eingeschlafen ist. Und ich könnte diesen Anblick genau beschreiben.

Das Gesicht dieses Jungen, das so ohne Leben ist, existiert in meiner Erinnerung gleichberechtigt neben dem Gesicht meiner Oma, die ich im Moment ihres Sterbens begleitet habe. Die eine Person kenne ich mein Leben lang, die andere kenne ich nur tot, einen Nachmittag lang habe ich sie mit ausgegraben und betrachtet, aber das Gefühl ist das gleiche.

Mit dem Tod umzugehen lernen heißt, zu verstehen, dass es sich um ein Trauma handelt. Es gibt keinen friedlichen Tod für die Angehörigen, nur für den Sterbenden. Für den, der stirbt, ist es vorbei, egal, wie groß das Leid war. Dann sind die Gedanken verschwunden, weil die Batterie nicht mehr funktioniert.

Ich habe keine Religion, um dieses Trauma erträglicher zu machen. Es beruhigt mich, zu wissen, dass Leben bedeutet, eine Persönlichkeit zu haben. Elektrische Impulse in den Nervenbahnen führen zu einem Verhalten, zu Eigenschaften, zu gemeinsamen Erfahrungen, zu einer Persönlichkeit, zu etwas, das wir lieben oder verachten. Blitze im Gehirn der Menschen, die uns gegenüberstehen.

Die Liebe meiner Großmutter ist ein Produkt spezifisch vernetzter Nervenzellen, die jetzt nicht mehr befeuert werden. Aber ich kann diese Blitze weiter zünden lassen. Jeder, der das hier liest, hat jetzt meine Oma im Kopf. Und damit existiert sie doch weiter, oder? Wenn wir eine Summe funktionierender Nervenzellen sind, müssen diese einfach nur feuern. Dann stirbt die Person auch nicht. Der Körper ist weg, die Erinnerungen bleiben.

Wie oft habe ich mich in den letzten Jahren gefragt, wie meine Großmutter reagieren, was sie wohl zu diesem oder jenem sagen würde. Und ich habe mir immer Antworten zurechtgelegt, die sie hätte geben können. Ich hätte ihren Rat gebraucht, ihre Lebenserfahrung, ihr Wissen über die Menschen. Ich hätte sie gefragt, was ich tun soll, mit meinen Freunden. Ich hätte von ihr wissen wollen, wie man damit umgeht, wenn sich Menschen aus dem eigenen Leben verflüchtigen.

Ihre Hülle ist nun verschwunden, aber ihre Kraft, Einfluss auf mich, auf meine Familie zu nehmen, ist geblieben.

02

Wir wurden weniger.
Über Freundschaft

Mein bester Freund hat sich aufgelöst. Er ist nicht mehr da. Aber ich verstehe es nicht, werde es vermutlich niemals verstehen. Ich starre ins nun Leere unserer gemeinsamen Vergangenheit und suche sie ab nach Ereignissen, an denen ich erkennen konnte, dass ich ihn verlieren sollte. Dass er und damit unsere Freundschaft durch meine Hände gleiten würden, irgendwann. Aber ich habe nichts gesehen, nichts erkennen können. Ich bin ratlos.

Der beste Freund hält ein braunes Fläschchen in der Hand und nippt von der Flüssigkeit. Es ist destilliertes Wasser, in dem ich zuvor 250 Mikrogramm LSD aufgelöst habe. Er lacht und trinkt. Und reicht mir das Apothekerfläschchen, und auch ich nippe, während ich mit meinen Knien das Lenkrad des Mietwagens gerade halte und verhindere, dass wir in den Straßengraben stürzen. Lupinen ziehen am Fenster vorbei, und da ist nichts als das Rauschen der Reifen auf dem Asphalt.

Die Gesichtshälfte des besten Freundes leuchtet schneller als gedacht. Die isländische Sonne schält die Konturen heraus, die große Nase, die Locken, rau wie Schilfgras, seine Lippen, die immer trocken sind, und die Augen, die tiefer liegen als bei anderen Menschen. Ich habe Zeit, ihn zu betrachten, weil die Straße, die wir gemeinsam fahren, nur eine Richtung kennt, geradeaus. Ich muss nur den Tempomat einstellen, das Lenkrad festhalten und kann wie der Tourist im Reisebus aus dem Fenster sehen. Aber ich entscheide mich für das Gesicht.

Weil ich die isländische Landschaft kenne, ist sie für mich nicht mehr bizarr, nicht mehr einzigartig, sie ist, und das fällt vielen Islandreisenden nach wenigen Tagen auf: abwechslungsarm. Sie ist, in diesem Moment, sogar so abwechslungsarm, dass die Wirkung des LSD stärker im Gesicht des Freundes ist als an den schroffen Gipfeln der Landschaft.

Wir fragen uns beide nicht, ob es eine gute Idee ist, LSD zu nehmen und gleichzeitig Auto zu fahren, wir machen es einfach. Unvernunft konnten wir noch nie definieren.

Er kurbelt umständlich am Fenster, öffnet es einen Spalt, weil dieses Auto, so wie alle Autos in Island, nur kalt oder heiß kennt. Ständig reguliert man die Innentemperatur, und jedes Mal wenn das Fenster einen Spalt geöffnet wird, steckt er sich eine Zigarette an. Für die ich ihn beneide. Und er raucht und wählt nervös die Musik auf seinem Telefon aus.

Wir arbeiten uns durch Island und durch den gesamten Katalog der Beatles. Jede Sekunde mit ihm auf dieser Reise ist von großem Wert für mich, und das weiß er nicht. Ich fahre die Route, die ich schon unzählige Male gefahren bin. Eine Route, die mich immer an denselben Stopps halten lässt, wo ich die immer gleichen Speisen esse. Geysir, Wasserfall, eine Lagune, in der ein Gletscher stirbt und zwei deutsche Touristen ertrunken sind, ein Hafen, der Norden und wieder nach Hause, nach Berlin.

Nur ein einziges Mal habe ich eine Unterbrechung meiner Reiseroutine erlebt. Kurz vor dem Städtchen Vík ganz im Süden von Island, das im Internet verschlafener aussieht, als es in Wirklichkeit ist. Hier wurde ein Wal angeschwemmt, ein besonderes Ereignis. Nicht nur, weil der Besitzer des Landstücks, an das ein Wal gespült wird, Anspruch auf das Tier hat und die Zähne in seinem Maul 30 000 Dollar wert sind – es ist auch besonders, weil Wale nur auf Bildern sterben. In der Wirklichkeit springen sie, singen und haben Kälber.

Der tote Wal war ein stinkendes Ungetüm, das von Hunderten Möwen löchrig gepickt wurde. Weiß und schimmelig lag dieses schulbusgroße Säugetier im schwarzen Vulkansand. Und rottete. Eine Gruppe deutscher Rentner, die ich beruflich für eine Wochenzeitung beobachtete, ließ sich von mir überreden, zwei Kilometer hin zu diesem Wal zu laufen. Von vorne der Wind und der seltsame Gestank verwesender Meerestiere, im Rücken der Mut, etwas Neues zu erleben.

»Ich fahr hier mal rechts ran«, sage ich zu meinem besten Freund. Er kichert. Vielleicht wegen des LSD, möglicherweise aber auch, weil rechts ranfahren in Island bedeutet, kurz auszusteigen, um zu frieren.

»Hier war der Wal«, sage ich, als wir in ungeeigneten Schuhen durch den feuchten Sand hinunter zum Meer laufen. Wir wollen uns unterhalten, aber weil wir die Kapuzen über unsere Köpfe gezogen haben, sprechen wir seitlich in den Stoff unserer Jacken. Niemand versteht den anderen, aber wir reden trotzdem weiter. Unablässig erzählen wir uns Geschichten. Nicht erst an diesem Strand auf dem Weg zu einem toten Wal, eigentlich schon unser ganzes Leben lang.

Seine Zigarette verbrennt innerhalb des Papieres, so windig ist es. Er zieht so kräftig, dass der Filter nass wird, aber es kommt kein Rauch.

Der Wal ist nicht mehr da. Und ich bin enttäuscht. Ich dachte, wir könnten ein Stück des Knochens abbrechen und uns daraus emotional aufgeladene Schmuckstücke herstellen. Schmuck, den es zu verlieren gilt, denn bei Anhängern, Ketten, Armbändern, die wir geschenkt bekommen, die nichts kosten, aber viel bedeuten, schmerzt der Verlust ganz besonders. Wenn ich etwas verloren habe, das mir mein bester Freund geschenkt hat, habe ich nicht nur den Gegenstand, sondern auch meinen Freund mit verbummelt.

Das LSD wirkt. Seine Haare sind jetzt drehende Kreisel, die sich mit dem Meer vereinen. Es ist keine starke Wirkung, ich kann Wirklichkeit und Traum noch voneinander unterscheiden. Die Wellen, die an dieser Küste haushoch aufschlagen und nachgiebig am Land lecken, bis es sich aufgelöst hat, ziehen an seinem Kopf.

»Deine Haare«, sage ich und fahre mit den Händen durch seine Frisur. Und er, er macht die Lippen schmal, setzt sich in den nassen Sand und blickt in die Sonne, die hier im Oktober noch zehn Stunden braucht, um Schatten in jede Richtung zu werfen.

»Es ist schön hier«, sagt er.

»Was?«, sage ich zu laut in meine Kapuze.

»Es ist schön hier«, sagt er, lauter.

Die Sonne schmiedet sein Gesicht in meine Erinnerung. Sie lässt ihn strahlen. Ich sage mit lauter, deutlicher Stimme, dass ich diesen Moment nicht vergessen darf.

»Was?«, schreit mein bester Freund.

Ich hatte in meinem Leben viele Freunde, und sie waren immer von großer Bedeutung. Ich erinnere mich an Robert. Mit über den Knien abgeschnittener Jeans, vom Sommer blondierten Haaren auf den Beinen und kaputtem Hosenstall stand er vor meinem Sitzplatz. So viel Brandenburg mitten in Berlin. Siebte Klasse, die erste Stunde im Gymnasium.

»Ist hier noch frei?«, hat er gefragt, und ich habe genickt. So wurden wir Freunde, sind es bis heute. Wir rufen uns einmal im Jahr an, altern aneinander vorbei, respektieren uns. Wenn wir uns sehen, dann freuen wir uns und nehmen uns in den Arm. Zum Abschied sagen wir dann, ohne es als Lüge zu meinen: »In Zukunft mal wieder öfter.«

In Zukunft mal wieder öfter. Dabei habe ich sein Studium, seine Liebe, sein erstes Kind, seine erste Trauer verpasst. Ich war eine Stimme am Telefon, aber kein Freund. Oder noch viel früher, Heiko Rawolle und Sven Ramin und Brian Knittel. Echte Grundschulfreunde werden mit vollem Namen genannt. Wenn ich von früher erzähle, mache ich das immer. Der volle Name lässt die Zuhörer des Gesprächs erkennen, dass es sich um Kinderfreundschaften handelt. Ich bin sicher, ich bin nicht der Einzige, der das so handhabt.

Die Freunde aus der Grundschule, mit denen ich die Heizungsrohre in Berlin-Lichtenberg entlangbalancierte. Auf denen im Winter nie Schnee lag, weil sie ja die Heizungen mit warmem Wasser versorgten. Rohre, die ins Irgendwo führten, während wir schon am ersten Zaun scheiterten, der verhindern sollte, dass Kinder in den schmalen Spalt zwischen Ab- und Zuleitung fallen. Diesen Zaun zu überwinden erforderte Mut, Kraft und Leichtsinn. Weder Heiko, Sven, Brian noch ich hatten das – ein frühes Zeugnis dafür, wie viel Kraft es braucht, um diesen Berliner Bezirk zu verlassen. Die erste Zigarette. Ich erinnere mich an die schlechten Eltern des einen und den frühen Tod des Vaters des anderen. Ich erinnere mich an frühpubertäre Betrachtungen des männlichen Körpers und die Frage, ob man jetzt schon wissen könne, ob man homosexuell sei.

Aber dann kam der beste Freund, viel später, mit Anfang 20. Es gibt dazu eine besondere Kennenlerngeschichte, die ich aber nicht erzählen will. Sie war schmerzhaft und hat das Leben vieler in eine ungesunde Bahn geleitet, aber sie hat auch meinen besten Freund und mich zusammengeführt.

Oft schäme ich mich für die Bezeichnung »bester Freund«, es klingt nach Auswahl, nach kindlichen Versuchen, einen Menschen an sich zu binden. Es ist eine Formel, die viel Druck auf den anderen ausübt. Aber er und ich, wir haben uns vor Fremden immer so vorgestellt. »Er ist mein bester Freund«, habe ich gesagt. Und es auch gemeint.

Wir haben die frühen 2000er in Berlin zusammen erlebt. Wir haben nicht über Frauen gesprochen, aber über Sex. Wir haben nicht getrunken, wir haben nicht gefeiert, wir waren im Gespräch mit fremden Menschen niemals gegeneinander. Ich habe ihn immer verteidigt, seine Wunderlichkeiten, seine Persönlichkeit, weil ich sie geliebt habe, als wären wir ein unmögliches Paar.

Es gab nicht viele große Ereignisse, die uns zusammengeschweißt haben. Eine einzige Sache haben wir aber sehr gut gemacht. Miteinander geredet. Uns Bücher, Filme und Musik gezeigt, ohne den anderen zu belehren. Wir wollten, dass der andere schlauer wird, schneller im Kopf. Wir haben uns nicht aneinander gemessen, wir haben uns aneinander hochgezogen. Wir waren die Sprossenleiter ins Erwachsenwerden. Ohne dass wir uns jemals im Weg standen. Ohne dass jemand abgerutscht ist.

Wir wurden weniger. Auch, weil ich weniger zu Hause war. Weniger in Berlin.

Wir schrieben uns viele Nachrichten, aktivierten in unseren Telefonen die Funktion, in der wir sehen konnten, wie weit der andere entfernt ist. Wir äußerten unsere Sehnsucht. Aber es ist nicht das Gleiche. Ich war im Ausland, in vielen Ländern, in die er auch gerne gereist wäre.

Ich war weg.

Ich war schuld.

An der Balkonbrüstung meines Zimmers in Mogadischu atme ich die schwere Luft ein. Meine Hände zittern, ich bin unruhig und müde. Habe nur das Gepäck aufs Bett geworfen, die Vorhänge weggezogen und das Fenster geöffnet, um die Klimaanlagenluft zu beseitigen. Mein Blick findet nichts, das er beobachten kann, und ich will nach Hause, obwohl ich gerade erst angekommen bin. Ich nehme mein Mobiltelefon in die Hand und will eine Nachricht schreiben, weiß nicht, was ich schreiben soll, weil ich mich schäme, dass ich es nicht abenteuerlich und aufregend finde, in der Hauptstadt von Somalia zu sein. Ich fühle mich sehr einsam auf diesem Balkon, in diesem leeren Hotel, dem die Geräusche fehlen, damit es ein schönes Hotel ist.

Jeder schweigt hier, niemand freut sich. Alte weiße Männer trinken auf ihren Zimmern verstohlen Alkohol, junge schwarze Männer servieren Nudelgerichte und kolonialisierte Manieren.

Viele Hotels auf dem afrikanischen Kontinent sind in ihrer Ausgestaltung sehr ähnlich. Sie wurden, oft von chinesischen Architekten, sorglos und an den Bedürfnissen der Menschen vorbei gebaut. Treppen, die ins Nichts führen, Türen, die zu niedrig sind, Wasserhähne an unmöglichen Orten, Toiletten, die nur funktionieren, wenn man den Föhn in die Steckdose steckt. Riesige Zimmer, für Könige gebaut, in denen aber nur ein Bett aus schwerem Tropenholz steht, gegenüber ein Diktatorenschreibtisch. Ich sortiere Quittungen auf diesen Tischen und setze mich zum Nintendo-Spielen dorthin. Dazwischen Fliesen, überall Fliesen. Ostafrikanische Hotels sind sehr gut abwaschbar. Die großen Zimmer haben oft winzige Fenster. Und ich weiß auch warum: Eine Explosion würde bei großen Fenstern mehr Glassplitter erzeugen. Mehr tote Gäste.

Jedes Mal wenn ich in einem afrikanischen Land bin, bewerte ich die Sicherheitslage an der Größe der Fenster, die zur Straße liegen.

Nicht umsonst hatten Burgen vor 600 Jahren in Europa Schießscharten als Fenster. Aus ihnen konnte gut herausgeschossen werden, es ließ sich aber schlecht etwas in sie hineinwerfen. Wer es sich leisten konnte, in sein Bürgerhaus große Fenster einzubauen, hatte keine Angst. Die Regeln des Mittelalters sind hier, in Ostafrika, noch gültig.

Es ist die erste von zwei Nächten, die ich in dieser Stadt sein werde. Ich zähle schon jetzt die Stunden zurück, blicke auf meine Hand und zähle mit den Fingern. Nur noch 40 Stunden. Genau so lange habe ich Zeit, hier eine Story zu finden, denn länger darf ich nicht bleiben. Mein Kontaktmann meinte, die al-Shabaab-Miliz, der ostafrikanische Ableger des Islamischen Staats, würde dann wissen, dass ich hier sei. Und das sei nicht gut. Aber ich solle mir keine Sorgen machen, innerhalb von 48 Stunden würden sie es nicht schaffen, eine Entführung zu organisieren. Nach zwei Tagen aber schon.

Mein Kopf ist hier 10 Millionen Dollar wert. Ein deutscher Kopf. Ein somalischer Männerkopf ist 1000 Dollar wert. Der einer somalischen Frau nichts.

Ich rauche E-Zigarette und würde viel lieber eine echte Zigarette rauchen. Ich trinke französisches Wasser mit Kohlensäure, stütze dabei die Arme auf die Brüstung, bis der Beton Abdrücke in meinen Ellbogen hinterlässt, und sehe in den Innenhof des Hotels, der von haushoch gestapelten Sandsäcken umgegeben ist. Sie bilden schwere Wände, die das Hotel vor Lastern voller Sprengstoff schützen sollen, die Menschen mit AK-47-Gewehren einen direkten Weg in die Lobby verwehren. Ein Labyrinth, in dem sich der Tod verirren soll, schützt mich und die anderen Gäste.

Das Hotel hat mehrere Wachtürme, auf denen Männer mit geölten amerikanischen Gewehren wachen. Überall Feuerlöscher und Orte, an denen ich mich unterstellen soll, wenn Mörsergranaten aus der Luft kommen. Sicherheitsschleusen, gepanzerte Autos, Bunkeranlagen. Es ist eine Festung, eine Burg, wie in Deutschland. Eine Burg, die nur langsam zerstört, aber schnell wiederaufgebaut werden kann.

Das Unangenehme an diesen Schutzmaßnahmen ist, dass sie einen möglichen Tod durch einen Terrorangriff nur verlangsamen, aber nicht verhindern.

Ich bestelle beim Zimmerservice ein Club-Sandwich.

Mogadischu liegt im Dunkeln, das einzige Licht strahlt aus den wenigen Restaurants dieser Stadt. Kein Verkehr, nach Einbruch der Dunkelheit sind keine Menschen mehr auf der Straße. Nur der Flughafen leuchtet grell einen befremdlichen Optimismus in den Himmel. Ich sehe das eine Flugzeug von Turkish Airlines starten. Es ist dasselbe Flugzeug, mit dem ich gekommen bin. Das eine Flugzeug, das hier landet. Nun fliegt es zurück nach Istanbul. Meine einzige Verbindung nach Berlin landet dienstags, donnerstags und sonntags.

Niemand will hierherkommen, niemand möchte hier sein. Es gibt keine Touristen in Somalia, nur Geschäftsleute und Mörder reisen von außen in dieses Land. Gemeinsam verbreiten sie Unruhe.

Ich ziehe an meiner Zigarette, werde nicht satt von diesem sauberen Rauch.

»Ich will nach Hause«, flüstere ich über den Balkon in den Innenhof.

Ich verlasse den Balkon, packe nicht mal die Sachen in meinem Rucksack aus. Etwas, das ich tue, um mich zu Hause zu fühlen. Meine drei Schlüpfer und T-Shirts in Schubladen legen. Ich werfe mich mutig auf die nie gewaschene Tagesdecke und schlafe ein. Schlafe einen kurzen und unruhigen Schlaf. Bis ich geweckt werde von einem Geräusch, das niemand kennen sollte, mir aber allzu bekannt ist.

Mein bester Freund rennt nackt über eine Wiese, er springt dabei, ich sehe seine Pobacken, während ich mich vorsichtig in das heiße Wasser der ultrageheimen Quelle rutschen lasse. Wir haben auf Google Maps die Wegbeschreibung dazu gefunden, vor zwei Jahren musste ich noch aus dem Gedächtnis den Weg durch die rote Erde finden, vorbei an den Moosen.

»Es ist so schön«, schreit er. Er schreit wirklich, ich stoße mich am Ufer des kleinen Lochs ab, das mitten in einer Wiese ist, einer Wiese so groß wie Berlin. Es ist die Reise zum Mittelpunkt der Erde, wie Jules Verne sie in Island hat beginnen lassen, der Mittelpunkt, das sind wir, das Loch und ich. Ich lege mich auf den Rücken, breite die Arme aus und blicke in den blauen Himmel. Ich atme den Muff des schwefelhaltigen Wassers ein und lege die Ohren unter die Wasseroberfläche. Ich höre nichts mehr, ich treibe in einer sehr tiefen Pfütze. Ich bin hier, und es passiert nicht oft, dass mein Kopf mich an einem einzigen Ort sein lässt.

Ich höre Schüsse.

Das Flackern einer AK-47 in der Ferne. Ein feuchtes Geräusch. Kein Peng Peng, es klingt vielmehr nach einem 30-Zentimeter-Lineal, das auf einen frisch gewichsten Schultisch knallt. Ein kaltes, scharfes Geräusch, das sich in das akustische Gedächtnis legt und nie wieder verschwindet. Mittlerweile zucke ich nicht mehr zusammen, wenn ich diese Schüsse höre, in Afrika, im Nahen Osten, in Asien. Ich höre sie nur nicht zu Hause in Berlin. Dort erschrecke ich mich vor Fehlzündungen vorbeifahrender Autos und ducke mich weg.

Vielleicht vier oder fünf Kilometer von mir, nahe dem Stadtzentrum, wird geschossen. Ich setze mich auf meinen Balkon, stehe nicht mehr an die Brüstung gelehnt, weil ich Angst habe, ein Querschläger könnte mich treffen, obwohl das vollkommen unmöglich ist. Vier oder fünf Kilometer entfernt wird getötet, und ich frage mich: Wie weit fliegt eigentlich eine Kugel?

Weil ich es zum Fürchten finde, Schüsse zu hören, die nicht im Rahmen einer Übung fallen. Sondern dies sind Schüsse von einem Finger an einem Menschen, der den Abzug betätigt, um einen anderen Menschen zu töten. Dann ist es still, und ich höre wieder das Rauschen einer Stadt, die sich an die Angst gewöhnt hat. Ich gehe davon aus, dass der Mensch, der getötet werden sollte, nun tot ist. Es kehrt wieder Ruhe ein.

Ich werde davon nichts in den Nachrichten lesen.

»Ob wir für immer hierbleiben können?«, fragt der beste Freund. Und wir sprechen darüber, wie das wäre. Wie es sein könnte, als beste Freunde in Island zu leben. Der Gedanke macht mich glücklich. Dann planen wir unsere nächste Reise. Nächstes Jahr.

»Kolumbien?«, fragt er mich.

»Japan?«, sage ich.

»Nein, Kolumbien«, sagt er.

Ich versuche ihn zu überzeugen, dass Japan die bessere Wahl ist. Ich habe ihn immer davon zu überzeugen versucht, dass meine Idee die bessere ist. Egal, um welche Idee es sich handelte. Nicht weil ich ihn belehren wollte, sondern weil ich mich oft als sein älterer Bruder fühlte. Brüder machen das.

Ich verstecke mich hinter der Brüstung dieses Hotels, das erst vor einem Jahr durch einen Bombenangriff seine Fassade und damit seine Funktion verloren hatte. Eine Bombe explodierte, und die Gäste fielen erst aus ihren Betten, dann aus ihren Zimmern auf die Straße. Sie starben, weil sie hier übernachteten.

Die Schüsse der AK-47 in der Ferne kommen näher. Jetzt verlasse ich den Balkon und gehe im Hotel die Wege ab. So habe ich das gelernt, so verhält man sich in Krisengebieten. Ein kleiner Rucksack neben dem Bett, in dem sich alles Wichtige befindet, und das Hotel auswendig lernen. Beim großen Hotelattentat 2008, in Mumbai, starben die meisten Gäste, weil sie sich verlaufen haben. Sie verliefen sich in die Arme der Angreifer.

Ich laufe die Treppe hinunter, versuche mir zu merken, welche Wege ich zu gehen habe. Links, links, links, dann wieder rechts. Breite Flure, damit viele Menschen gleichzeitig fliehen können.

Ich schwitze, als ich wieder in meinem Zimmer bin, und gebe fünf Dollar Trinkgeld für mein Sandwich. Ich will es nicht alleine essen und gehe zwei Etagen nach unten, in das andere bewohnte Zimmer dieses Hotels. Ich reise nur mit einem Kameramann. Klopfe an seine Tür.

»Ja?«, sagt er.

»Darf ich heute bei dir schlafen?«, frage ich ihn. »Ich habe Angst.« Und Martin lächelt.

»Das wäre mir sogar lieb«, sagt er. »Ich habe auch Angst.«

Er geht auf seinen Balkon, blickt hinunter, wir sind in der dritten Etage. »Würden wir es schaffen, hier herunterzuspringen?«, fragt er mich.

Martin und ich kennen uns zu diesem Zeitpunkt noch nicht lange. Aber er ist ein wichtiger Mensch in meinem Leben, an diesem Ort, in dieser Stadt. Mogadischu ist möglicherweise der erste Schultag, die Heizungsrohre, das LSD in Island.

Die ersten gefährlichen Abenteuer haben wir zusammen erlebt, und manchmal empfinde ich eine seltsame Liebe für ihn. Als wären wir schon immer Freunde, und unsere Drehs für das Fernsehen, das sind unsere freundschaftlichen Reisen, unsere Abenteuer. Martin ist Brandenburger, und er versucht auch nicht, das zu verheimlichen.

Über Freundschaft zu schreiben fällt mir nicht leicht. Ich habe lange über dieses Kapitel nachgedacht, habe unzählige Notizen gemacht und immer wieder von vorne angefangen. Einer der markantesten Gründe für diese Schwierigkeit ist wohl, dass ich in den letzten Jahren sehr viel Schmerz mit meinen Freunden empfunden habe. Nicht mit jedem, aber mit einem wichtigen Teil meines Freundeskreises. Und während ich hier aufschreibe, was Freundschaft in Zeiten dieser Welt bedeutet, muss ich daran denken. Muss ich an meine freundschaftlich geführten Beziehungen denken. Ich denke eigentlich immer daran, ständig und ausdauernd.

Eine SMS in die Freundesgruppe, auf dem Flugfeld in Bagdad. Ich wurde darüber informiert, dass es Truppenbewegungen gibt, und ich sollte genau in diese Bewegungen hineingehen. Ich hatte Angst, wie auf dem Balkon in Mogadischu. Ich schrieb eine SMS in die Nachrichtengruppe meines engen Freundeskreises.

Ich bekam keine Antwort.

Ich stand mit meinen Gedanken auf dem Flugfeld und verzweifelte am vermeintlichen Desinteresse meiner Freunde. Es tat weh, es verletzte mich. Und ich entfernte mich.

Ich schrieb hinterher: »Und mein Vater hatte doch recht.« Meine Freunde wussten, was das bedeutete.

Es bezog sich auf ein Gespräch mit meinem Vater, das 25 Jahre her war. Damals fragte ich meinen Vater, warum er keine Freunde mehr habe. Mir erschien das absolut unmöglich, ohne Freunde zu sein, schon als 15-Jährigem waren mir die Vorteile eines gut funktionierenden Freundeskreises bewusst. Mit meinen Freunden teilte ich alle Sorgen, sie bekamen meine, ich ihre. Wir tauschten unsere Sorgen, bis sie verschwunden waren. So habe ich das immer gemacht.

Mein Vater saß rauchend in der Küche, die Beine übergeschlagen, und sah sich alte *Star Trek*-Folgen auf VHS an. Damals rauchte er noch, damals war er melancholisch. Und er sagte mir kühl: »Kümmere dich um deine Freunde, irgendwann sind sie weg.«

»Niemals«, antwortete ich damals.

Der beste Freund sitzt jetzt auch im heißen Wasser, es riecht nach Schwefel, und das kotfarbene Wasser interessiert uns nicht. In seinem Rücken bäumt sich das scharfkantige Gestein erst kürzlich erschrockener Lava, in meinem Rücken die Weite Islands. Es ist windstill, die Sonne scheint, und für Oktober ist es ungewöhnlich warm. Irgendwo weiden Pferde, aber wir können sie nicht sehen. Er und ich, wir nehmen noch einen kleinen Schluck aus dem LSD-Fläschchen, aber wir müssten es nicht. Weil uns der Rausch durch diesen Ort, diese Situation ausreicht.

Wir haben nie Drogen zusammen genommen. Ich nehme sowieso sehr selten Drogen. Manchmal kiffe ich, noch seltener trinke ich Alkohol, nur LSD versuche ich mit deutscher Regelmäßigkeit einmal im Jahr zu nehmen. Die Droge löscht das Grauen, das ich gesehen habe, und macht Platz für Frieden in meinem Kopf. Vermutlich ist es nicht gesund, und vermutlich wäre es besser, eine Therapeutin aufzusuchen. Aber ich brauche nicht mehr als ihn, diese Reise und diese Moleküle, die verdächtig dem Serotonin ähneln.

Wir essen mit nassen Händen Kokosbollar, Schaumküsse, die super aussehen, aber scheiße schmecken. Trinken Wasser und schweigen jetzt. Der Dampf steht vor unseren roten Gesichtern, und es ist, als würde ich schlafen. Es ist, als würde ich mich zur Seite drehen können, die Augen schließen und einfach einschlafen.

Aber nicht Schlaf ist das Wichtige, sondern das Wachsein. Und hier, in dieser Pfütze heißen Wassers, ist Wachsein das Einzige, was zählt. Ich darf nichts verpassen, und das geht nur, wenn ich die Augen geöffnet habe.

»Sag mal, kann man hier reinpissen?«, fragt mich mein bester Freund.

»Mache ich jedes Mal, wenn ich hier bin«, antworte ich.

Wenn es Tag wird in Mogadischu, ist es sicherer. Martin und ich arbeiten, beobachten Menschen, wie sie in geduckter Haltung Fisch verkaufen zwischen Ruinen, die so oft zerstört wurden, dass niemand sie mehr aufbauen möchte. Martin schwitzt und ist konzentriert, wenn er durch den Sucher der Kamera blickt. Nicht oft drehe ich allein mit einem Kameramann, aber wenn das passiert, fühlen sich die Reisen anders an als mit einem kompletten Team.

Hier ist kein Redakteur, nur ein ortskundiger Begleiter und ein Fahrer. Martin, acht Soldaten, die sich unablässig kreisförmig um uns bewegen, und ich. Der Staub dieser Stadt, die Sonne, die mittags am Äquator keinen Schatten wirft, und die ständige Angst, von einem Hausdach durch den Sucher eines Gewehrs beobachtet zu werden.

»Wir müssen weg«, sagt der Mann, den wir mit der Kamera begleiten, wir sind zu lange an einem Ort. Er sagt es nicht besorgt, sondern so, als würde ich Martin fragen, ob wir uns in einem Berliner Restaurant lieber ans Fenster setzen wollen.

Wir nicken und folgen ihm in Richtung eines gepanzerten Pick ups.

Zwischen Martin und mir hat sich auf dieser Reise ein seltsames, stilles Vertrauen entwickelt. Wir drehen nicht oft miteinander, aber wenn, dann fühle ich mich sicher. Er erzählt Geschichten, ohne dass man ihn darum bitten muss, er gibt vorsichtige kleine Einblicke in seine Seele, ohne dass er einen Rat dafür einfordert.

Ich weiß viel über ihn, wie er ist, warum sein Gemüt so zart ist, seine Hände aber so groß. Ich lerne viel über Brandenburg und welche Anstrengungen Martin unternommen hat, das hinter sich zu lassen. Es ist wie den Berliner Bezirk Lichtenberg verlassen, nur viel schwerer. Aber weil er Brandenburg, also Potsdam, nie abgestreift hat, weil er diese handwerkliche Ruhe beibehalten hat, die sich mit einem ehrgeizigen Willen mischt, klüger zu werden, sehe ich zu ihm auf.

Wenn ich Menschen besonders mag, will ich sie ärgern, vielleicht auch verletzen. Oft ärgere ich Martin, und abends im Bett, wenn ich über den Tag nachdenke, ärgere ich mich über mich selbst.

»Lass mich deine Kamera nehmen«, sage ich zu Martin, und er gibt sie mir, wischt sich mit einem Stofftaschentuch die Stirn. Ich weiß nicht, ob ich mir in diesem Moment das Stofftaschentuch ausdenke, aber es würde zu ihm passen. Nur ein bestimmter Schlag Menschen nutzt Tücher, die Popel über den Tag hinweg in der Hosentasche konservieren. Ich mag diese Art Menschen.

»Komm, wir gehen zum Strand«, sagt er und nimmt mir die Kamera wieder ab, stellt sie ins Auto. Und dann erlebe ich das weiße Privileg, die ungeahnte Kraft des Rassismus, die zerstörerische Ruhe der Übervorteilung. Während fast jeder Mensch in dieser Stadt bei der Ausübung seiner normalen Tätigkeit den Tod finden kann, werden wir beschützt. Vor einer Gegenwart, die wir, wir Europäer, mitzuverantworten haben.

Hunderte Kinder spielen im weißen Sand des Stadtstrandes, Frauen verteilen Essen an ihre Männer, ihre Kinder. Die Soldaten schwirren noch immer wie menschliche Drohnen um uns herum, sie schwitzen stark, die AK-47 angelegt, also abschussbereit. Martin und ich laufen nebeneinander, und ich sage einen Satz, den ich selten, aber fast immer im Ausland sage. Dieses Privileg lässt mich eine perverse Freiheit empfinden, ein seltsames Glück der einzigartigen Erfahrung.

»Deswegen mache ich diesen Beruf«, sage ich, und wir fragen uns, wie viele Menschen nach Mogadischu kommen würden, als Besucher dieser Stadt. Wie viele würden nach

Somalia kommen, das Hunger, Krieg, Tod und die Nichtbeachtung der restlichen Welt ertragen muss, wenn sie beschützt werden, durch bewaffnete Männer? Sie beschützen uns vor der Normalität dieses Landes, und wenn ich an ihnen vorbeisehe, dann ist da diese Normalität. Leben am Strand.

Wir laufen in einem Kokon aus bewaffneten Männern, und ich hebe gefleckte glatte Muscheln vom Boden auf. Sie sind besonders, ich habe sie noch nie gesehen.

Wir setzen uns in unserer Funktionskleidung in den Sand. Und wir reden nicht über Somalia, sondern Martin erzählt mir vom Tanzen. Erzählt, wie gerne er tanzt, bis sein Hemd so durchgeschwitzt ist wie hier. Dabei hebt er mit zwei Fingern sein nasses Hemd an und wedelt sich heiße Luft zu. Er erzählt davon, wovor er sich alles fürchtet und dass er auf diesen Reisen als Kameramann weniger Angst hat vor dem Fremden.

»Wenn ich durch den Sucher sehe, fühle ich mich sicher«, erzählt er. Und dann bedankt er sich dafür, dass er so etwas wie hier erleben darf. »Danke«, sagt er zu mir. Und ich bin verlegen.

Warum führe ich solche Gespräche immer an Stränden, frage ich mich.

In Seyðisfjörður kommen die Schiffe an. Alte Menschen treten wie eine sehr langsame Raupe aus dem Bauch des Kreuzfahrtschiffs. Ich weiß, was sie einander sagen: Wie sehr doch das Land nach zwei Tagen Nordatlantik wankt. Die alten Frauen und Männer setzen sich auf Bänke, die im Hafen aufgestellt sind, und warten auf ihre Busse, die durch das Land fahren. Sie machen kleine Bäuerchen und fragen sich, ob es hier einen guten Filterkaffee gibt. Noch können sie nicht ahnen, dass in Island der Filterkaffee immer Mist ist.

Mein bester Freund und ich haben uns Wurst gekauft und

Brote mit Lachs. Wir sitzen mit angezogenen Beinen in der Nähe dieses Kreuzfahrtschiffs, das eigentlich eine Fährverbindung zwischen Dänemark und Island bildet, und beobachten die alten Leute.

»Werden wir das sein?«, frage ich ihn. Und er nickt. Er verspricht mir, dass wir für immer Freunde bleiben werden, und ich verspreche ihm das Gleiche. Ich fühle mich wie ein kleiner Junge, sehe mich wieder in die Grundschule versetzt, in der wir alle Freundschaftsversprechen äußerten, die wir niemals halten konnten.

Der beste Freund ist anders, er bleibt, er ist immer da. Wir tragen uns huckepack durch das Minenfeld unserer Zwanziger. Die ständigen Lieben, die Sehnsucht nach einer richtigen Beziehung. Wie oft lagen wir in meiner Wohnung auf dem Boden, jeder hatte einen Aschenbecher auf dem Bauch, und wir rauchten. Wir erzählten uns den Traum unserer Leben. Wir nahmen einander die Traurigkeit, und wir blieben Freunde, egal, wie traurig, wie schlecht gelaunt, wie fies, wie ungehobelt der andere war.

Wir spielten uns nie gegenseitig aus, nie. Und ich habe schon viele Freunde ausgespielt, war eifersüchtig, wollte mehr Aufmerksamkeit, wollte mehr im Mittelpunkt stehen.

Ich bin kein einfacher Freund. Aber er, er sah darüber hinweg oder wurde streng, wenn ich es übertrieb.

Wenn wir den Begriff der Liebe von einer Partnerschaft lösen, von seiner familiären Dimension, dann trifft er leicht auch auf Freundschaften zu. Die Gefühle, die in Freundschaften entstehen können, sind so stark, weil sie das Negative nicht kennen.

Eine Liebesbeziehung enthält schon im ersten Kuss, in der ersten, hormontrunkenen Beschwörung der Ewigkeit das Scheitern. Wer einen Menschen körperlich und damit auch emotional liebt, wird verletzt werden.

Die Liebe zur Mutter, zum Bruder, zum Vater schwingt wellenartig zwischen Zuneigung und Konflikt. Wir können unsere Eltern zum Nikolaus lieben, und an Weihnachten schlagen wir die Tür hinter uns zu und brüllen über den Hinterhof: »Nie wieder komme ich hierher, ihr seid nicht mehr meine Eltern.«

Freundschaften kennen das nicht. Die Liebe zu meinem besten Freund ist rein, weil sie keinen Schmerz kennt. Wenn wir scheiternde Freundschaften beschreiben, dann sind sie oft mangelnder Zeit zum Opfer gefallen. Weil man auseinanderdriftet, wenn man sich lange nicht gesehen hat, einander nicht gleich versteht, sich wieder eingewöhnen muss. Und fehlender Augenhöhe. Wenn wir älter werden, verdient der eine mehr Geld, hat plötzlich neue Träume, der andere interessiert sich vielleicht nicht mehr für Computerspiele, oder das Reden über das Universum ist nicht mehr so sinnstiftend wie noch mit 25.

Der beste Freund isst sein Lachsbrot hastig, weil die Fingerspitzen kalt sind. Dann suchen wir uns ein Hotel, ein altes Landgasthaus mit Blick auf den Hafen. Es kostet 30 Euro mehr als die Jugendherberge, aber ich wollte diesen Hafenblick. Ich mag diese Orte, die wir Menschen uns in Landschaften meißeln. Häfen sind ein Versprechen, ein Versprechen, fliehen zu können. Und das nur, weil da eine betonierte Kaimauer ist. Nur eine Landebahn mit Tower. Ein Platz in einer Landschaft, der sein Versprechen hält, solange man ihn benutzt.

»Meinst du, wir werden solche Reisen auch noch machen, wenn wir alt sind?«, frage ich ihn, während das Schiff sich wieder Richtung Dänemark bewegt. Auf der Reling sehe ich die Rentner, die jetzt wieder heimfahren. Sie waren sieben Tage unterwegs, den Fjord fotografieren sie trotzdem.

Wer soll sich nur all die Bilder ansehen, denke ich.

»Ja«, sagt er, und ich spüre die Melancholie, ich spüre eine Schwere, die ich nicht anspreche, weil ich Angst habe.

Wie das Auto ist auch das Zimmer überheizt, alle zwei Stunden öffne ich das Fenster, wir schlafen unter einer Decke, nah beieinander.

Freundschaft ist, wenn keine Angst im Schlaf nebeneinander ist.

Nach 16 Stunden in Mogadischu, einer Verfolgungsjagd durch ein al-Shabaab-Viertel, einem Interview in einer zerbombten Kirche und einem Essen in einem Restaurant hinter hohen Mauern erreichen wir wieder das Hotel. Martin lädt das Auto aus, ich helfe ihm, die untergegangene Sonne gönnt unserer verbrannten Haut einen Moment Ruhe.

Schweigend werden wir zweimal kontrolliert, unser Gepäck nach Sprengstoff untersucht. Wir öffnen die Taschen bereits im Vorfeld.

»Ich bestelle uns eine Brause«, rufe ich Martin zu. »Lass uns im Hotelgarten kurz verschnaufen«, sage ich.

Martin nickt zufrieden. Er hat für mich angefangen, E-Zigarette zu rauchen, und zieht genauso nervös an dem elektronischen Gerät. »Ich starte nur schnell das Back-up der Daten und komme dann runter«, sagt er und verschwindet in der riesenhaften Lobby des Hotels.

Ich sitze im Garten, ein müder Springbrunnen, betrieben durch einen Gartenschlauch, springt. Ich strecke die Beine aus, meine Hose ist staubig, ich bin staubig, rieche nach Schweiß und habe Schmutzränder am Ohr. Ich schreibe eine SMS.

»Ich muss Dir unbedingt von Mogadischu erzählen«, schreibe ich.

Mein bester Freund antwortet sofort. »Ich kann es kaum erwarten«, sagt er. »Wann bist Du wieder hier?«, fragt er. Und ich antworte ihm. Wir verabreden uns.

Wir werden uns nicht sehen, ich habe bestimmt viel zu tun, wenn ich wieder in Berlin bin. Aber der beste Freund, er bleibt ja immer. Er wird es schon verstehen.

Martin setzt sich zu mir, still trinken wir Brause, und unser Atem, unsere Herzfrequenz beruhigen sich. Uns bleiben noch 24 Stunden. Aber wir haben noch nicht genug Material. Ich frage ihn, ob wir den Dreh verlängern sollten, trotz der Risiken. Und Martin nickt. Er ist, so wie ich, noch nicht satt, er hat noch nicht genug, wir brauchen mehr Zeit hier in dieser Stadt.

»Darf ich heute wieder bei dir übernachten?«, frage ich Martin. »Ich habe Angst alleine in meinem Zimmer.«

Martin lacht, ein gutes Lachen. »Natürlich«, sagt er.

Ein Jahr nachdem ich mit meinem besten Freund in Island war, fahre ich mit Andreas dorthin, meinem großen Freund. Er ist fünf Jahre älter, geht immer vor, erzählt mir von meinem Später, weil er es schon erlebt.

Wir sitzen in der geheimen Quelle, es regnet, wir zeichnen einen Podcast auf.

Als ich die Aufnahme stoppe, werde ich traurig. Erzähle von der Abwesenheit meines Freundes. Und was das mit mir macht.

Andreas tröstet mich. »Ich bin für dich da«, sagt er.

Wir machen ein Foto für Instagram.

Und ich bin verunsichert, weil ich glücklich bin. Weil ich mich wohlfühle, wie bei meiner Großmutter während eines Frühstücks, das immer vor großen, gefährlichen Reisen bei ihr stattfindet.

03

Die Verharmlosung durch die Frühlingssonne im Kriegsgebiet

Ich klingle bei Oma, mit meinem Gepäck auf den Schultern. Oft besuche ich sie vor einer Abreise, besonders wenn die Gefahr besteht, ich könnte erschossen werden. Das klingt dramatisch, klingt übertrieben, aber diese Besuche bei ihr zwei Straßen von meiner Wohnung entfernt sind rein pragmatisch.

Wenn ich das fragende »Ja?« durch die Klingelanlage höre, sage ich etwas Dummes. Meist: »Pizzaservice Pronto.« Auch, weil meine Oma vieles ist, sehr modern, aber niemand, der telefonisch eine Pizza bestellen würde. Pizza, findet sie, ist kein richtiges Gericht. Verlaufener heißer Käse, der sich in den Gaumen hineinbrennt, gilt für sie nicht als Nahrungsmittel.

»Komm hoch«, sagt sie. Der Geruch im Hausflur, den ich schon als Kind befremdlich fand, drängt mir entgegen. Der Geruch von Beinprothese und Müllbeutel, von Speckitonne und Schokolade, die aufgehoben wird für Enkel, die zu selten zu Besuch kommen. Dieses Haus wird von vielen alten Menschen bewohnt, die jedes Mal, wenn sie ihre Wohnungstür öffnen, etwas Leben aus ihren Wohnungen entlassen. Es ist der Geruch von Heimat.

Die Krähen vor dem Fenster lärmen, die Großmutter sucht nach ihnen, und als sie eine junge Vogelfamilie in einem Nest aus Ästen, Tüten und anderem Material entdeckt hat, blickt sie zu mir. Ich bin mir sicher, die Berliner Krähen blicken zurück.

»Schmeckt's?«, fragt sie. Ich kann nicht antworten, weil ich noch nicht abgebissen habe. Der Rucksack lehnt gegen mein Bein, »ich muss gleich los« vermittelt diese Sitzhaltung. Ich sitze oft unruhig an Tischen, halb weggedreht, gleich, ob im Restaurant oder bei meinen Eltern. Meine Mutter sagt dann immer: »Setz dich ordentlich hin, ruh dich aus.« Oma lässt mich so sitzen, weil sie weiß, dass ich ein hektischer Mensch bin.

Es ist sehr früh, die Sonne noch nicht hinter den Hochhäusern aufgegangen, aber die langen Schatten deuten auf einen schönen Frühlingstag hin. Das Fenster steht offen, und weil meine Großmutter in einem vom Sozialismus geplanten Plattenbau wohnt, ist nicht alles immer praktisch. Ich habe das Fenster im Rücken, und wenn es offen ist, halbiert es die kleine Küche. Oma schiebt mir türkischen Kaffee auf meine Seite ihres winzigen Frühstückstisches. Ich trinke, und zwischen den Schlucken, die viel zu heiß sind und zu viele Pulverkrümel im Mund zurücklassen, esse ich sechsfach geteilte Schwarzbrotstullen.

Oma sortiert winzige Tabletten in einem Porzellannapf, Perlen, die das Herz im Rhythmus halten. Ihre zarten Hände, das feine Haar ordentlich frisiert, der Morgenmantel, den sie liebt, aber vermutlich im selben Jahr gekauft hat, in dem Stalin gestorben ist. Die wenigen Falten im Gesicht, die blauen Augen, ich erkenne langsam das Alter an ihr, ich erkenne, welchen Zoll sie entrichtet.

Stullen, fein portioniert wie ihre Tabletten. Ich bin bereits 37 Jahre alt, und meine Oma schneidet mir die Brote noch immer mundgerecht zu. Aber sie nimmt auch noch meine Hand, wenn wir eine Straße überqueren. Ich lasse ihr das.

Das Frühstück schmeckt, dann steht sie auf, geht an den

Kühlschrank, und ich weiß, dass sie mir nichts zu essen herausgeben will, sie kontrolliert die Schildkröte. »Bald wacht er auf«, sagt Oma und meint Ruprecht, die Schildkröte, die sie vor zwölf Jahren aus meiner Wohnung und damit vor dem sicheren Tod gerettet hat. »Frühling«, sagt sie, »ist meine Lieblingsjahreszeit. Da wacht mein Rupi auf«, erklärt sie mir, obwohl ich das weiß, schließlich gehörte dieses Tier mal mir.

Mein bester Freund und ich nahmen keine Rücksicht auf die Schildkröte, wenn wir laut Musik hörten oder tagelang das Fenster offen ließen, weil wir wieder zu viel geraucht hatten. Meine Oma kam und hat sie gerettet. Beide wurden sehr gute Freunde. Wenn er nicht in den Flur kackt, sitzt Ruprecht auf dem Schoß meiner Oma und guckt *Rote Rosen* mit ihr, während er sich den runzligen Hals streicheln lässt.

»Und?«, sagt sie, »wo musst die wieder hin?«

Ich war oft ein schlechter Enkel. Ich habe meine beiden Omas zu selten besucht. Immer nur, wenn ich etwas wollte, meistens aber, weil ich etwas zu erzählen hatte. Aber zugehört habe ich selten.

Der Satz stimmt: Die Eltern, die Großeltern müssen erst sterben, damit uns bewusst wird, dass wir zu wenig Zeit zusammen verbracht, zu wenig Fragen gestellt haben.

Ich habe das schon oft gehört, aber immer gesagt: Ach, hier stirbt doch niemand. Wenn man wieder eine Ausrede sucht, seine Eltern oder Großeltern nicht zu besuchen, hilft es, sich vor Augen zu führen, wie viele gemeinsame Weihnachten (oder andere religiöse Feste) man noch zusammen feiern wird.

Ich wusste an diesem Morgen nicht, dass ich nur noch ein Weihnachten mit meiner Oma haben würde. Hätte ich mich als Enkel anders verhalten, wenn ich es gewusst hätte? Ja.

Als meine Großmutter noch lebte, war sie es, der ich erzählte, wenn ich in gefährliche Gebiete fuhr. Das war unser Tauschgeschäft. Sie verstand immer, wenn ich irgendwo hinfahren wollte, deswegen sagte ich ihr auch, wenn es gefährlich wurde. Auch wenn ich es bei diesen frühmorgendlichen Frühstücken herunterspielte.

Meine Oma war außerordentlich mutig und hat bis zu ihrem Tod den eigenen Reisepass erneuert. »Wenn dir was passiert, steige ich sofort ins Flugzeug und hole dich«, hat sie immer gesagt, und ich wusste, sie meint das vollkommen ernst.

Ich habe es meinen Eltern nicht gesagt, auch nicht meinem Bruder. Sie konnten nicht verstehen, warum ich das mache, ich konnte es ihnen auch nie erklären. Weil ich selber nicht wusste, warum es mich in die gefährlichen Regionen dieser Welt zog, warum ich den Krieg mit eigenen Augen sehen wollte.

Ich wollte diese Kriege sehen.

Hier, zum ersten Mal, schreibe ich ohne Scham die Wirklichkeit auf.

Ich will diese Kriege sehen.

So wie ein Mensch auf der Autobahn einem Unfall nachschaut, wenn er daran vorbeifährt. Er müsste nicht hinsehen, tut es dennoch. So bin ich. Nur dass ich anhalte, aussteige und Fotos davon mache.

Ich wollte diese Kriege sehen, weil ich wissen wollte, was sie sind, wie sie funktionieren. Ich wollte, ganz romantisch verträumt, mit schusssicherer Weste und Staub im Gesicht bewundert werden. Wollte auf »Was der sich traut!« mit »Ach, Quatsch« reagieren, »ist doch nichts dabei«.

»Brauchst du etwa Geld?«, fragt Oma. Bevor ich antworten kann, steht sie auf, geht an ihr Geheimfach, wie es jeder

Mensch über 65 in Deutschland hat, hebt den Besteckkasten aus der Schublade, reicht mir einen grünen Hunderter.

»Nein«, sage ich mit dem Stolz eines Enkels, der sein eigenes Geld verdient, »ich brauch kein Geld.« Und schiebe ihr den Schein zurück, obwohl ich ihn gerne behalten hätte. Oma-Geld ist gutes Geld, es gibt sich anders aus als selbst verdientes Geld. Einfacher. Sie setzt sich wieder hin, macht das Radio leiser, das sie sich als junge Rechtsanwältin von ihrem ersten Gehalt gekauft hat. Selbst verdient.

»Nach Afghanistan«, sage ich.

Meine Oma schüttelt den Kopf. Ich weiß, dass sie nicht schimpfen will, aber ich weiß auch, dass sie meine Reisen in die Kriegsgebiete traurig machen. Oma kennt Kriegsgebiete, vor dem Fenster bei den Raben war eines in ihrer Kindheit.

Die Tränen der Alten sind Tränen der Erfahrung, niemals der Angst.

Vielleicht erzähle ich es auch deswegen nicht meinen Eltern, meinem Bruder. Ich will sie nicht ängstigen. Auch, weil sie aus Furcht weinen würden.

Als das Flugzeug in Kabul landet, habe ich bereits 48 Stunden nicht mehr geschlafen. Wir sind die einzigen Passagiere auf diesem Flug, die keine Sorgen haben. Einige andere sind mit gelben Kabelbindern an ihrem Sitz fixiert, husten laut oder beklagen sich darüber, dass sie existieren.

Es sind Geflüchtete, die abgeschoben wurden. Zurück dahin, was niemand mehr Heimat nennen kann, nicht mal diejenigen, die hier geboren wurden. Zurück in ein Land, in dem niemand mehr sein möchte. Ich kann mich an keines ihrer Gesichter mehr erinnern, ich weiß nur, dass sie vom Bordservice des Flugzeugs anders behandelt wurden als wir. Der Orangensaft in kleinen Plastikbechern war nur für uns, das Team.

Nach der Landung sollen wir sitzen bleiben, die Türen werden geöffnet. Erst steigen die Geflüchteten aus. Ein einziges Mal in ihrem Leben werden sie bevorzugt behandelt, in dem Moment, als man sie zurück in ihre Hölle bringt. Sie laufen an mir vorbei, während ich Fotos mit meinem Telefon mache. Aus dem Fenster, nicht von ihnen. Sie sind erschöpft, manche weinen, viele wissen, dass sie diese Rückführung nicht überleben werden.

Die Luft ist kühl, Nebel hängt über dem Flughafen. In der Ankunftshalle ist es stickig und heiß. Es riecht nach Körpern und Angstschweiß, nach verwelkter Secondhandkeidung, nach Spenden aus Deutschland. Fußballtrikots, Werbeshirts »Autohaus soundso«, alte Pullover. Was man selbst nicht mehr will, ist für andere gut genug.

Im Flughafen von Kabul existiert ein eigener Schalter für diejenigen, die geflohen sind und nun zurückkommen. Dort stehen die Menschen in zwei Reihen an. Der Einreiseschalter, an dem wir uns anstellen müssen, ist ohne Schlange. Ich zeige meinen Pass, mein afghanisches Visum und betrete das Land, das ich nur aus den Nachrichten kenne. Nur aus *Rambo II,* aus dem *Weltspiegel* oder Reportagen im *Stern*. Ich hatte nur die Bilder anderer im Kopf, keine eigene Idee davon, wie dieses Land sich anfühlt. Wie sich Krieg anfühlt, wusste ich schon, dachte ich. Ich habe die scharfen Kanten der Furcht in Somalia abgeschliffen, meine Seele erschüttert nichts mehr so schnell. Dachte ich.

Aber Kabul ist anders. Afghanistan ist anders als alle Kriegsgebiete, die ich je erlebt habe.

Die Welt in Kabul ist von bizarrer Schönheit. Die Abwesenheit der Moderne, die Abwesenheit einer Zeit nach dem Krieg machen diese Stadt zu einem einzigartigen Ort. Kabul kennt keinen Frieden, weil nach jedem Konflikt ein neuer entsteht. Nach jeder kriegerischen Auseinandersetzung folgt eine neue Zeit, die Frieden verspricht, aber Tod bringt. Selbst der Westen, der jetzt, nach zwanzig Jahren mit modernsten Waffen und Unmengen Geld immer noch Frieden zu bringen versucht, schafft es nicht, Ruhe in die Straßenzüge zu bringen. Waffen für den Frieden und Geld für mehr Korruption, das ist das Ergebnis einer Rechnung, die in Europa und den USA gemacht wurde.

Kabul hat ein eigenes Gefühl, ein eigenes unverwechselbares Erleben ist in diesen Straßen mit viel zu hohen Bordsteinkanten möglich. Ich fühle mich hier nicht richtig.

Ich hatte noch nie und habe nie wieder eine so derbe, ungehobelte Angst empfunden wie in dieser Stadt. Angst vor der ständigen Bedrohung, an der nächsten Ampelkreuzung getötet zu werden, durch eine selbst gebaute Bombe in Stücke gerissen zu werden. Diese Angst zeigt sich in den Gesichtern der Menschen, aus denen die Schönheit der Menschheitsgeschichte spricht. Und damit beziehe ich mich gar nicht auf dieses eine berühmte Foto des afghanischen Mädchens auf der *National Geographic*. Die Gesichter der Menschen in Afghanistan sind so vielfältig, so markant und einprägsam, dass ich jedes Mal, wenn ich in der Region bin, denke: Hier ist der Ursprung des Okzidents zu erkennen, die Gesichter Europas sind nur verwaschene Varianten der Gesichter des Nahen Ostens.

So schön diese Gesichter sind, habe ich trotzdem zum ersten Mal Todesangst. Diesmal habe ich es übertrieben. Ich bin der Gaffer, der auf der Autobahn von einem Sattelschlepper mitgerissen wird.

Ich kann nicht von meinem erlebten Krieg erzählen ohne einen Blick auf die Kriege, die Teil unserer Familien sind, die wir kennen, über die wir nicht sprechen. Unsere Großeltern werden langsam zu Bilderrahmen in Bücherregalen, sie verschwinden. Und zu oft habe ich den Satz gehört: »Ich habe niemals nachgefragt. Ich habe nie hören wollen, was meine Großeltern im Zweiten Weltkrieg erlebt und empfunden haben.«

Den Krieg, den wir nicht kennen, hätten wir erleben können, wenn wir einfach mal gefragt hätten. Bei Kartoffelsalat und Würstchen hätten wir bohren müssen: Opa, wo bist du gewesen? Oma, was hast du gemacht?

Jede Familie beendet den Krieg in dem Moment, wenn nicht mehr über ihn gesprochen wird. Das mag seltsam erscheinen, weil dieser Krieg nach nunmehr 75 Jahren eben noch immer nicht beendet ist. Dieser Krieg ist in den Köpfen unserer Eltern und in uns, den Enkeln, der dritten Generation, wir geben ihn weiter an unsere Kinder. Ich sage nicht, schweigt besser weiter, sondern ich sage: Eltern, macht den Mund auf, redet darüber, was wir verbrochen haben. Wenn wir schweigen, vererben wir die Scham.

Diese Scham macht uns krank. Und Vergessen macht uns zu Mittätern.

Wer sagt, ich habe doch nichts mit den Taten meiner Großeltern zu tun, vergisst, dass er wegen ihrer Taten leben darf.

Die Erschossenen, Vergasten, Verhungerten, Sterilisierten, die Winkelträger und Partisanen, sie durften keine Nachkommen zeugen. Natürlich existieren Überlebende unter den Opfern. Doch wer einen Krieg als Opfer überlebt, ist nicht gleich lebendig. Die Traumata der Opfer werden wie eine giftige Eigenschaft weitergegeben, wie ein Gendefekt vererbt. Dieser Schmerz wird über Generationen weitergegeben und ist genauso gefährlich wie die vergessenen Landminen in Südostasien. Genauso gefährlich wie die Fliegerbomben in Berlin. Denn Traumata töten. Traumata produzieren neue Kriege, neue Konflikte.

Wir existieren, und dafür gibt es einen Grund. Den müssen wir herausbekommen. Und wenn wir ihn wissen, werden wir schnell verstehen: Es ist immer Krieg. Jeder Mensch ist das Produkt einer langen Reihe von Überlebenden. Von Opfern und Tätern, immer im Wechsel.

Der Krieg war mir niemals fremd, weil wir zu Hause darüber sprachen. Die Kriege, die ich in Somalia, in Mali, im Irak, in Syrien, in Kolumbien, in El Salvador, auf den Philippinen gesehen habe, unterscheiden sich nicht von dem Krieg aus den Andeutungen meiner Großeltern. Wirklich nicht. Aber sie unterscheiden sich fundamental von dem, was wir denken, wie ein Krieg ist.

Vielleicht entstand diese schamlose Sehnsucht, einen Krieg sehen zu wollen, am Abendbrottisch mit meinen Eltern und meiner Oma.

Der eine Großvater im KZ, die andere Oma ein Kind in Berlin. Krieg ist für mich die Geschichte meiner Großeltern und meiner Eltern, die als Pazifisten erzogen wurden und als Überlebende davon erzählen.

Krieg ist zum Beispiel die eine Geschichte vom Friedhof im Bezirk Friedrichshain. »Wenn ich sterbe, will ich auf jeden Fall verbrannt werden«, sagte meine Oma immer.

Und ich wollte wissen, warum.

»Wenn Mörsergranaten in einen Friedhof einschlagen, dann liegen die Knochen überall verteilt«, sagte meine Oma. Erzählte sie mir, als ich sieben oder acht Jahre alt war. Sie ging also davon aus, dass wieder Mörsergranaten über die Häuser dieser Stadt fliegen.

Ich denke auf jedem Friedhof der Welt über diesen Satz nach. Er fällt mir jedes Mal ein, wenn ich die Urne meiner Oma besuche und daran denke, dass die Füchse in der Nähe ihren Bau haben. Dass diese Berliner Friedhofsfüchse manchmal Oberschenkelknochen ausgraben.

Ich lasse mich durch Kabul treiben. Diese Stadt hat kein Zentrum, hat keine Orte, an die ich mich später erinnern werde, weil diese Stadt sich selbst keine Zeit gelassen hat. Eine Stadt muss stehen, Straßen müssen erhalten bleiben, damit sie nicht vergessen werden. Wer wissen will, was ich meine, muss sich nur an den Potsdamer Platz in Berlin begeben. Das einstige Zentrum der Stadt fühlt sich nach nichts an, weil es keine Geschichte hat, nur eine Idee.

Die Straßen von Kabul sind lang, endlos und führen direkt in die Felder aus Minen und Schlafmohn. Geschäfte, in denen Nüsse, unvernünftig hoch geschüttet, verkauft werden. Davor Männer mit echten Gesichtern, die sich nicht mehr verändert haben, seit sie zwölf waren. Und Raucher. Überall wird leidenschaftlich geraucht. Ich würde auch wieder mit dem Rauchen anfangen, wenn ich wüsste, ich lebe in einem Land, das mich nur 64,13 Jahre alt werden lässt.

Ich sehe viele Kinder auf den Straßen, die maskengleiche Gesichter erwachsener Menschen tragen. Und ich lasse mich nicht hinreißen, sie als Produkt eines endlosen Krieges zu deuten. Es sind einfach diese Gesichter: stechende Augen, kurze, dichte Haare, keine Stupsnasen, keine Puppenaugen. Sondern Nasen und Augen, die nicht mehr wachsen werden. Das Einzige, was hinzukommen wird, sind Falten. Wenn diese Kinder überleben. Wenn sie nicht erschossen, überfahren, von Bomben zerrissen werden. Aber daran denke ich nicht, als ich sie sehe, daran denke ich nur, während ich meine Erinnerungen aufschreibe.

Sie laufen neben mir, ziehen an meiner Kleidung, schubsen mich, sie springen um mich herum, ohne dabei zu lachen. Ich bin ihr Klettergerüst, ihr nachmittäglicher Spaß. Ich bin das Fremde, das sie für einen kurzen Moment daran erinnert, dass sie nicht alleine auf dieser Welt sind. Sie wollen mir ein rohes Ei verkaufen. Oder einen Drachen. Sie, diese

Kinder, die wie ein stiller Vogelschwarm um mich herumfliegen, die in einem Nest aus Ästen, Lehm und Abfällen leben.

Ich stehe auf einem Hügel. Von hier kann ich die Stadt überblicken, ich sehe die Berge, die sie umgibt, und die Häuser. Sie wirken wie Geröll, das eine Eiszeit in dieses Tal geschoben hat. Eine unentschlossene Stadt, die am Abend nur den Lärm hupender Autos kennt. Im Frühjahr, wenn der Schlamm noch kalt an den Füßen ist, wenn am Abend die Luft friert, dann beruhigt sich nicht nur die Stadt, sondern ich spüre auch, wie ich zur Ruhe komme. Wenn die Frühlingssonne alles verharmlost.

Oben auf diesem Hügel beobachte ich die Kinder, die mit ihren zarten Drachen Manöver fliegen, vorbei an Zeppelinen der Amerikaner, die wie aus der Zeit gefallen am Himmel stehen und alles sehen. Ja, Zeppeline. Ich wusste nicht, dass es noch Zeppeline im Kriegseinsatz gibt, für mich waren sie eine kühne Waffe des Ersten Weltkriegs. Aber in Kabul schweben sie über der Stadt, voll mit ausgeklügelter Überwachungstechnik. In diesen Zeppelinen sitzen keine Menschen, aber sie sehen alles. Und ich bin mir sicher, sie werden heute auch nicht mehr Zeppeline genannt.

»Willst du?«, fragt mich eines der Kinder und gibt mir einen feinen Faden in die Hand, damit ich den Drachen zum Absturz bringe. Die Kinder lachen, glaube ich, ich weiß es nicht, ich höre sie nicht. Ich bin so zerrissen, weiß nicht, was ich davon halten soll, in diesem Scheißloch, dieser verdammten Stadt zu sein, die nur darauf wartet, mich zu verschlucken.

Ich spüre es, weil mein Kollege, der mich hier begleitet, zu oft an meinem Ärmel zieht und sagt: »Wir müssen hier weg.« Er lotst mich ins Auto, vorbei an den Straßensperren. Er lotst mich, damit ich zurückkann, nach Hause. Und nicht meine Oma kommen muss, um mich zu holen.

Wenn die Sonne untergeht, will er zu Hause sein, in unserem Häuschen, das uns, hinter großen Mauern und bewacht von schläfrigen Wächtern, Sicherheit verspricht.

»Noch ein bisschen«, sage ich wie ein störrisches Kind, das noch nicht vom Hof zurück in die Wohnung will. Die Sonne geht unter, es wird kalt, und ich sehe eine afghanische Flagge wehen. Ich bin ergriffen. Ich will traurig sein, ich will diesen Ort verstehen.

»Willst du nun das Ei?«, fragt mich einer der Jungen, und ich nicke. Ich kaufe es ihm ab, es sind noch Federn an der Schale. Ich habe viel zu große Scheine in der Hosentasche, und natürlich kann er das Geld nicht wechseln. Ich schenke es ihm. Es ist ein echtes Bio-Freilandei.

Dem Huhn geht es besser, weil es sowieso sterben muss. Und keines der Hühnergeschwister wird weinen, die Hühnermutter wird einfach ein neues Ei legen.

Es ist der 11. September 2001 in Berlin, heute Abend spielt meine Lieblingsband Radiohead in Berlin. Linda, eine wichtige Freundin in meinem Leben, steht mit mir auf dem U-Bahnhof Samariterstraße. Ich rauche unentwegt und trinke Cola, es ist ein warmer Spätsommertag. Linda fragt mich, was denn jetzt werden wird.

Ich, mit 20, bin laut und arrogant, bin jemand, der denkt, ihm gehöre die Welt und dass sie nur existiert, damit ich sie erobern kann. Ich scheine unsterblich, anders lässt sich nicht erklären, wie ich es schaffen konnte, zwei Schachteln am Tag zu rauchen. Ich habe gerade mein Abitur bestanden, beim zweiten Versuch, und will Journalist werden, habe meine ersten Artikel geschrieben. Trage weite Hosen, DC Shoes und denke, ich könnte Graffiti. Dabei habe ich nicht mal richtigen Bartwuchs. So ein Mensch war ich damals. Und bin ich, manchmal, noch heute.

»Die Welt wird untergehen«, sage ich so laut, dass es über den ganzen U-Bahnhof schallt. Und ich erzähle Linda von der Welt in zehn Jahren, also von der Welt 2011, so wie ich sie mir vorstelle. Ich erzähle von Terrorismus, von Vergeltungsschlägen, davon, wie ich mit meiner Oma telefoniert habe, die weinend darüber sprach, wie wir 1997 während einer New-York-Reise das World Trade Center besuchen wollten, aber beide zu faul waren.

»Linda«, sage ich, »wir müssen uns darauf vorbereiten, dass wir in einem Krieg sterben werden, der anders ist als die Kriege, die wir aus dem Geschichtsbuch kennen.« Ich erzähle das nicht traurig, nicht ängstlich, sondern mit einer Begeisterung, die ich bis heute nicht verstehe.

Ich beschreibe Linda ein Berlin, das zerstört wird durch Menschen, die ihr eigenes Leben aufgegeben haben, um anderes auszulöschen. Vom einstürzenden Fernsehturm, von der Zerstörung unserer geliebten Karl-Marx-Allee, dem stalinistischen Traum einer Stadt, die Menschen hasst, ihnen aber Platz gibt. Ich steigere mich in die Schilderungen eines künftigen Krieges hinein, und Linda hört mit aufgerissenen Augen zu. Bis sie ihre Hand auf meinen Arm legt, mich zu sich zieht und bitterlich zu weinen beginnt.

Linda ist 17, ich bin 20, als Terroristen Flugzeuge in Gebäude lenken. Als wir den Beginn einer neuen Zeit, einer neuen Epoche erleben. Als wir ein neues Feindbild kennenlernen.

Lindas Schminke verläuft durch die Tränen, und ich schäme mich wie ein Junge, der seinen besten Freund zu fest auf die Schulter geschlagen hat. Ich meinte es nur im Spaß.

Am Abend in der Waldbühne, als das Konzert von Radiohead beginnen sollte, kam Thom Yorke, der Sänger, auf die Bühne und bat die Welt, keinen Krieg zu beginnen. »Please, make no war«, sagte er. Ich weiß nicht, ob er es wirklich gesagt hat, manchmal denke ich, es ist eine Legende.

Niemand sollte auf ihn hören. Ich war nicht auf diesem Konzert. Mein bester Freund, der mit den Locken, erzählte mir davon. Wir trafen uns nachts in meiner Wohnung und rauchten, bis die Schildkröte sich unter einem Bücherregal versteckte. Wir sprachen darüber, was die Welt nun für uns bereithalten sollte.

Wir müssen jetzt wirklich gehen. Wir hasten den Berg hinunter, weil es schneller dunkel wird, als angenommen. Der Schlamm wird fest.

Ich sitze im Auto. Am Abend wird die Stadt lebendig. Es ist Frühling, es ist die Zeit, auf die ich mich immer freue, eine Jahreszeit, die mir jedes Jahr neu erscheint, als hätte ich vergessen, was Knospen sind und wie es ist, wieder luftige Kleidung zu tragen. Das ist Frühling für mich.

Für den Jungen, der die Eier verkauft, bedeutet Frühling das Ende einer guten Zeit. Weil jetzt wieder die Gefechte beginnen. Wenn der Schnee der umliegenden Berge taut, dann können die Männer mit ihren Waffen, mit ihren Bomben, mit ihren Absichten zurück zu den Zivilisten.

»Lass uns kurz halten, lass uns hier Abendbrot essen«, sage ich zu meinem Kollegen und zeige auf ein Schild, auf dem ich einen Pfau erkenne und Köftespieße. »Gibt es hier Pfauenfleisch?«, will ich von ihm wissen. Shoaib, der Kollege, verneint, aber es sei ein gutes Restaurant, »für die Reichen«. Er sieht sich um, bevor wir das Auto verlassen.

Ich ziehe keine Weste an, ziehe keinen Helm über. Ich bin doch in einer Stadt. Ich bin unter Menschen, hier kann ich nicht sterben. Ich fühle mich sicher. Und ich gleiche in jeder Sekunde die Realität vor mir mit dem ab, was ich aus den Nachrichten kenne.

Kabul ist immer nur ein Name in einer Meldung gewesen. »Bei einem Anschlag heute x Tote«, immer wieder diese

Nachricht, bis man den Artikel nicht mal mehr anklickt und liest. So ist das nun mal in Kriegsgebieten. Das ist diese Stadt, mehr nicht. Kabul ist ein Ort, an dem es Anschläge gibt, aber keine Kinder, die Eier verkaufen und Drachen steigen lassen.

Ich gleiche ab und stelle fest, dass diese Stadt nicht dem entspricht, was ich erwartet hatte. Auch wenn meine Schultern eingezogen sind, auch wenn ich heute Mittag unter einer Brücke stand und Menschen zu interviewen versucht habe, die abhängig vom erfolgreichsten Exportgut dieses Landes sind: Heroin. Es ist nicht so, wie es sich anfühlt.

Aber es ist immer der Tod, der hier mitspielt, trotzdem. Heroin, Waffen, Religion – alles zusammen braucht nicht mal mehr einen Funken, um hochzugehen. Dieses Land, diese Stadt, ist ein Öllappen, der sich an der Gegenwart entzündet.

Auf den Straßen Kabuls werden Vögel verkauft. Ich kaufe einen Falken, er kostet nur einen Dollar, und lasse ihn frei. Ich sehe darin kein Freiheitssymbol, keine Geste westlicher Freundlichkeit. Man macht das hier so. Shoaib kauft sich eine Handvoll Schwalben, und zum ersten Mal sehe ich ihn lachen, als er sie freilässt. Im Käfig liegen zwei tote Vögel. Der Händler klaubt sie heraus und wirft sie weg.

»Warum kann man hier Vögel kaufen?«, will ich wissen, und er erklärt mir, das sei für verliebte Paare. Es verblüfft mich nicht, dass es dieses Geschäftsmodell gibt, ich kenne es auch aus Asien. Es verblüfft mich, dass verliebte Paare in Kabul existieren, die Geld dafür haben, zwei Sekunden lang einem im blauen Himmel verschwindenden Vogel hinterherzuschauen.

Vielleicht ist doch ein Freiheitssymbol darin verborgen.

Es ist 1990, und ich bin elf Jahre alt, als mein Vater mit mir *The Day After* im Fernsehen sieht. Meine Mutter hätte es verboten, sie wollte nicht, dass ich fernsehe, es würde mich verblöden. Aber jeden Donnerstag, wenn meine Mutter bis 21 Uhr arbeiten musste – damals gab es den »langen Donnerstag«, die Geschäfte blieben bis 20.30 Uhr geöffnet –, sahen mein Vater und ich Filme und Serien.

Ich bin zu klein, um zu verstehen, dass die Welt nur wenige Jahre zuvor durch einen nuklearen Winter bedroht wurde.

The Day After – Der Tag danach entwirft ein mögliches Szenario, wie die USA einen Atomwaffenangriff überstehen würden. An eine Szene dieses Spielfilms erinnere ich mich sehr deutlich. »Warschau, Berlin, Paris, London sind von mehreren Atomwaffen getroffen und ausradiert«, sagt der Schauspieler Steve Guttenberg. Ich kannte ihn aus den *Police Academy*-Filmen. Und ich kannte Berlin, die Stadt meiner Geburt.

»Berlin ausradiert«, flüsterte ich.

Ich sah Steve Guttenberg dabei zu, wie er die Explosionen überlebte. Er hatte Hoffnung. Er verlor erst seine Haare, dann die Farbe in seinem Gesicht, dann sein Leben. In diesem Film. Ich habe Darstellern dabei zugesehen, wie sie in einem globalen Krieg starben. An dieser unsichtbaren, nicht riechbaren, nicht schmeckbaren Waffe namens Strahlung.

Mein Vater erzählt mir davon, wie er 1985, ich vier Jahre alt, mein Bruder noch nicht geboren, ernsthaft davon ausging, dass die Welt sich zerstören würde. Dass er, mein Bruder, meine Mutter, alle, so sterben müssten. »Wenn du nicht in der Explosion gestorben wärst, dann an der Strahlung«, erzählte er mir und pflanzte ein ungesundes Trauma damit.

Er erzählte, dass die Länder des Warschauer Pakts unter den grellen Blitzen der Atombomben aufgelöst werden würden. Er erzählte mir von Büchern mit Titeln wie *Heller als tausend Sonnen*. Er beschrieb mir die Strahlenkrankheit, das Leid der Menschen in Hiroshima, er erzählte vom Krebs, der die Haut, die Haare, die Organe frisst, und dem Ende der

Menschlichkeit, die in einer von Wissenschaftlern heraufbeschworenen Apokalypse verbrennt.

Ich war zu klein, zu jung, als er es mir erzählte.

Am nächsten Tag berichtete ich davon Sven Ramin und Heiko Rawolle. Wir spielten auf den Heizungsrohren in Lichtenberg Atomkrieg. Wir lachten und überlebten ihn alle, bauten uns Höhlen in Knallerbsensträuchern. »Sven hat Kreehebbs«, riefen Heiko und ich. Wir spielten einen Krieg, der 1990 beendet wurde.

Heute denke ich, bin ich jemals in Friedenszeiten aufgewachsen?

Die Nacht hat Kabul erreicht, die Abgase der Autos haben den Frühlingsnebel ersetzt, vor den Scheinwerfern der vielen Wagen schwimmt das Licht, es riecht nach Köfte, Menschen strömen aus ihren Wohnungen, kaufen Popcorn und essen Eiscreme. An Checkpoints halten Autos, ernste Blicke der Polizei. Stimmen, Motoren, Musik, die wieder laut gespielt werden darf. Männer in traditioneller Kleidung, die Taliban waren und immer noch sind, aber nun nicht mehr bestimmen dürfen, zumindest nicht politisch, sitzen auf Stühlen vor ihren Läden, handeln mit Früchten, Süßigkeiten.

Vermutlich haben sie in den Hinterzimmern ihrer Läden noch die AK-47, mit der sie Seite an Seite mit sowjetischen Soldaten gegen die US-Amerikaner kämpften. Man könnte sie fragen, was der Krieg mit ihnen gemacht hat, aber ich kaufe Apfelsinen und Maulbeeren.

»Ist das ein Taliban?«, will ich von Shoaib wissen, und er nickt. »Als die Taliban Kabul regierten«, sagt er, »war das Leben schrecklich, aber nicht so gefährlich wie heute.« Ich frage nicht nach. Ich verstehe es nicht.

Dann gehen wir essen. Endlich ein Restaurant, ein riesiger Innenhof, das Leben in dieser Stadt findet in Innenhöfen statt. Reis mit Rosinen, Brot, das in großen Tonöfen gebacken wird. Ich sehe zum ersten Mal Menschen lachen. Das Restaurant ist eine Insel in einem Meer aus Angst. Sie liegt mitten in dieser Stadt, genau an der Front eines internationalen Konflikts. Bäume, die nicht grau vor Staub sind, Kellner, die höflich Getränke servieren.

Und Pfaue. Überall Pfaue, die ihren beknackten Ruf schamlos durch die Nacht bellen. Der Anblick dieses Vogels beruhigt mich, ich betrachte mit großer Begeisterung seine Federn, ein Pfau in seiner nutzlosen Schönheit hat an diesem Ort eine besondere Wirkung. Es ist ein so selten schönes Tier, dass es meine Gedanken ablenkt, mich dieser Stadt enthebt.

»Willst du ein Bier?«, fragt mich Shoaib. Ich verneine. Ich weiß, dass es hier etwas sehr Besonderes ist, Bier, also Alkohol, zu trinken. Opium zu besorgen wäre leichter.

»Ich will ins Bett«, sage ich. »Ich bin müde.«

Ich hatte vergessen, dass ich heute diese heroinkranken Menschen unter dieser Brücke interviewt habe. Ich hatte vergessen, dass dieses Opium, das in diesem Land angebaut wird, der Grund für diesen Krieg ist. Ich hatte diesen Krieg vergessen. Weil mich während des Abendessens ein Pfau beobachtet hat und mich darauf brachte, dass es Schönheit gibt im absolut Hässlichen eines Krieges.

Wenn wir über Krieg nachdenken, gerät uns oft etwas sehr Wesentliches aus dem Blick. Auch mir. Krieg meint für mich, für die meisten Deutschen, etwas Vergangenes, etwas, das als Gespräch zwischen Kamillentee, Bier und belegten Broten gereicht wird. Wenn überhaupt, dann erfahren wir vom Krieg aus den Erzählungen jener Menschen, die schon Todesflecken auf dem Handrücken tragen.

Dabei war der Krieg im Leben der Menschen nie weg, nie beendet. Er ist eine Tatsache, kein Sonderfall, kein Ausnahmezustand. Krieg gehört zur Wirklichkeit wie Hunger, Tod und Krankheiten. Es ist etwas Schlechtes, das sich nicht abschaffen lässt. Der Ausnahmezustand ist Frieden.

Ich bin früher auf Anti-Bush-, Anti-Chirac-Demos gegangen, auch, um als 16-Jähriger im kommunistischen Lesezirkel meinem sozialen Umfeld zu gefallen. Ich habe Schilder getragen, auf denen »Nie wieder Krieg« stand, und damals habe ich das auch für möglich gehalten. Ich glaubte, wir Menschen würden eines Tages in der Lage sein, Gewalt zu überwinden. Aber das war töricht, die Naivität der Jugend. Nach allem, was ich gesehen und erlebt habe, bin ich fest überzeugt davon, dass der Krieg als Werkzeug unserer Realität nicht abschaffbar ist.

Berlin ist New York ist Kabul. Wir sind nur erschrockener, wenn die zivilen Opfer aus unserer Mitte kommen. Wenn Menschen in Europa, in Deutschland an diesem Krieg gegen den Terror sterben, ist die Zahl nur kleiner, viel kleiner.

Wenn in Berlin drei Menschen durch ein Attentat sterben, sind wir entsetzt. Wenn eine Bombe in Kabul explodiert und es sterben 100 Menschen, dann horchen wir auf. Wenn in Kabul ein Mensch durch eine der zahllosen Arten von Kriegseinwirkung stirbt, bemerken wir es nicht einmal. Es kümmert uns nicht. Und es ist nicht schlimm, es ist der Mechanismus, der diese Welt am Laufen hält. Wenn wir den täglichen Schmerz der Welt auf unser aller Schultern verteilen würden: Die Welt würde einstürzen und uns Menschen im Schutt der alltäglichen Grausamkeiten ersticken.

Am 11. September 2001 starben in New York 3000 Menschen, ihre stummen Schreie in den zusammenfallenden Türmen kündigten eine neue Weltordnung an. In Afghanistan sterben jedes Jahr mehr als 3000 Zivilisten in kriegerischen Handlungen. Banker, Köche, Touristen, Putzfrauen, Feuerwehrmänner, Polizisten, Passanten, Mütter, Väter, Kinder, Liebende, Arschlöcher, Schwule, Heteros: Sie alle sterben aus ihrer Perspektive zufällig. Gezielt, gewollt, folgerichtig aus der Perspektive von Mohammed Atta. Die Frauen, Männer und Kinder in Kabul sterben, weil es dazugehört, wenn man hier lebt.

Frieden in unserer Welt bedeutet nur: Der Krieg ist woanders. Wir haben es geschafft, den Krieg, unsere Kriege, zu globalisieren. Deswegen erschrecken wir, wenn unsere Kriege plötzlich wieder vor der eigenen Haustür stattfinden. Wir wollen nicht sehen, dass der Krieg in Afghanistan ein auch von uns gemachter Krieg ist. So wenig, wie wir sehen wollen, wie unsere Kleidung von Kindern mit verätzten Händen hergestellt wird oder woher das Lithium für unsere Handy-Akkus kommt, so wenig, wie wir erkennen wollen, dass unser Wohlstand ein Produkt Jahrhunderte andauernder Unterdrückung ist, so sehr verschließen wir uns vor dem Anblick dieser Kriege und der Bereitschaft, uns als Teilnehmer darin zu erkennen.

Jeder Krieg, den ich besucht habe, hatte letztlich Gier zur Grundlage. Die Gier ganzer Kontinente. Oft waren es Stellvertreterkriege, die auf fremden Böden geführt wurden. Söhne werden getötet, Frauen vergewaltigt, Kinder vergiftet, weil Putin sich nicht mit Erdoğan verträgt. Weil Deutschland Waffen an die Türkei und Saudi-Arabien liefert. Weil der Iran Israel auslöschen will, weil Indien Pakistan hasst, weil der Schlafmohn in Afghanistan mehr als einmal im Jahr blüht.

Die Kriege der Gegenwart sind ein globales Produkt. Drohnen, von Ramstein aus gesteuert, töten Menschen im Jemen. Ich bestelle mir ein iPhone von der Couch meines Wohnzimmers aus und töte damit Kinder im Kongo, weil ich mit meinem Geld nicht nur das Gerät bezahle, sondern auch die AK-47 von Milizionären, die den Coltan-Abbau bewachen.

Es macht mich nicht traurig.

Ich bin ein Rädchen in diesen Globalisierungskonflikten.

Aber ich steige aus dem Auto, das an einem Unfall auf der Autobahn vorbeifährt. Und ich sehe die Sattelschlepper anrasen, die nicht bremsen können, und weiche aus. Über die Jahre habe ich gelernt, nicht von ihnen erfasst zu werden. Ich gehe hinter die Leitplanke und blicke direkt hinein in das Unglück, betrachte die zerriebenen Körper und Lebensträume.

Ich erzähle davon. Und hier, in diesem Buch, in diesem Kapitel, fange ich an, darüber nachzudenken. Ich erlebe es nicht nur, sondern ich verarbeite.

Dieses Safehouse nahe den UN-Gebäuden in Kabul fühlt sich sicher an. Ein kleiner Garten, eine Tischtennisplatte; zahllose volle Aschenbecher belegen die hohe Fluktuation männlicher Gäste. Ein Safehouse ist wie ein Hostel, nur mitten im Krieg, es bietet Fremden Schutz vor der Wirklichkeit, es sind kleine Greenzones, sichere Häfen. Sobald die stählernen Tore zufallen, die Schleuse sich öffnet und das Auto auf den Innenhof fährt, fühle ich mich sicher. Ich lege die schwere Weste ab und bringe meinen Helm aufs Zimmer.

Nachts wird es noch kalt, ich liege zugedeckt, eingerollt in nicht regelmäßig gewechselter Bettwäsche und schlafe fest. Es ist acht Uhr, als ich aufwache. Ungewöhnlich langer Schlaf für ein Krisengebiet. Wenn ich in den Ländern bin, von denen ich meiner Großmutter erzähle, schlafe ich nachts selten mehr als vier oder fünf Stunden. Es sind die Länder, in denen ich meine Kleidung nicht wechsle und tagelang dieselbe Unterwäsche und langärmelige Baumwollhemden trage. Es ist egal, ob die Kleidung stinkt, nur duschen ist mir wichtig. Ich versuche mich ordentlich zu deodorieren und gewaschene Haare zu haben im Krieg.

»Kommt schnell runter!«, ruft Shoaib, in seiner Stimme liegen Ungeduld und Aufregung. Ich springe auf, ziehe mich schnell an, greife meinen Notfallrucksack, in dem sich Geld, Pass und Kreditkarte befinden, und renne die Treppen hinunter. Shoaib sitzt in einem Korbstuhl, sein Handy zeigt Nachrichten. »Ich habe dir das Heroin mitgebracht«, sagt er und zeigt auf ein kleines Paket. »Aber viel besser: Es gab einen Anschlag, 500 Meter von hier, hast du ihn nicht gehört?«, fragt er mich. Ich habe noch Schlafsand im Auge, schüttle den Kopf. »Nein, nix gehört.«

»Wollen wir schnell hin?«, will er wissen. »Alle Journalisten fahren jetzt hin.« Ich bin unsicher, der Rest des Teams trinkt Kaffee, raucht auf leeren Magen Zigaretten, um die ich sie beneide.

»Lasst uns zusammenpacken«, sage ich und hole die Westen mit den Platten, die mich genau einmal vor einem Treffer schützen. Die meine Brust, mein Herz vor herumfliegenden Metallteilen bewahren sollen. Nehme die Helme, werfe sie ins Auto. »Schneller!«, hält uns Shoaib an. »Deine Kollegen sind schon da«, sagt er.

Das sind Fotografen, ein Kameramann, der für CNN arbeitet, ein Journalist der Deutschen Welle. Ich kenne diese Männer und sehr wenigen Frauen, sie schlafen nie, haben Augenringe, sie sind Klischees von Kriegsreportern. Ich treffe sie an seltsamen Flughäfen, begegne ihnen nachts, im Norden des Iraks in kleinen Bars oder in Mogadischu.

In Äthiopien traf ich einen von Alkohol und schlechtem Essen aufgedunsenen Fotografen wieder, den ich in Kenia kennengelernt hatte, als wir beide über das Bombenattentat in Nairobi berichteten. Er ohne Angst, ich in meinem ersten Krisengebietseinsatz. Er Richtung Schüsse laufend, ich hinter Autos wartend. Jeder abgerissene Kopf, jeder zerfetzte Körper ein Bild, das er für Zeitungen fotografiert. Bilder, die wir rasch wieder vergessen. Er jedoch kann sie nicht vergessen, sie haben ihn zerstört.

Männer wie er rennen los, machen Fotos vom Gedärm, das nach Explosionen in den Bäumen hängt wie unheilige Girlanden. Von weinenden Müttern, verzweifelten Vätern, gelangweilten Polizisten, der Feuerwehr, die innerhalb kürzester Zeit die Spuren beseitigt, damit Normalität einkehrt. Mit großen Schläuchen spülen sie die Reste von Menschen in die Kanalisation, holen mit langen Ästen die Därme aus den Bäumen.

Wir springen gerade ins Auto, als Shoaib laut »Halt« ruft. Unsere Köpfe drehen sich ihm zu, wir sind genervt. »Wir müssen los«, sage ich. »Wir brauchen die Aufnahmen, damit jeder versteht, wie gefährlich es hier ist.«

Shoaib blickt nach unten, er wird bleich, setzt sich auf den Korbstuhl, schaut mich an. Plötzlich schwitzt er, ich befürchte, dass sein Kreislauf zusammenbricht. Er atmet schwer.

»Es gab vor fünf Minuten einen zweiten Anschlag«, sagt er. »Sie haben auf die Presse gewartet, und dann kam ein weiterer Selbstmörder.« Er legt das Telefon auf den Tisch, nimmt die Hände vors Gesicht, weint nicht. Er wird nur sehr ernst, Weinen hat er in diesem Land verlernt.

Shoaibs Freunde sind gestorben. Wir alle sitzen im Garten des Safehouse, dürfen es nicht verlassen, der Anschlag könnte zu einer ganzen Serie werden. Der Baum im Hof beginnt zu blühen, die Morgensonne wärmt schon. Eine Journalistin, die ebenfalls im Safehouse schläft, sitzt im Frühstücksraum weinend vor dem Fernseher. Ihr Kameramann ist tot. 22 Journalisten sind gestorben an diesem Morgen in Kabul. Wir wären gestorben, hätten wir nicht verschlafen.

Ich stehe an der Kreuzung vor meiner Wohnung, ich bin seit vier Stunden wieder in Berlin. Auch in meiner Heimatstadt ist Frühling, die Bäume werfen schon Schatten, so viele Blätter haben sie. Ich bin benebelt, habe seit 72 Stunden nicht mehr richtig geschlafen. Wenn ich die Augen schließe, sehe ich die unzensierten Nachrichten im Kabuler Lokalfernsehen. Wenn ich die Augen öffne, sehe ich den Berliner Alltag.

Ich sehe an mir herunter: meine 350 Euro teuren Air Max 1, mein 120-Euro-Pullover, in meiner Hand ein Handy für 1200 Euro. Ich sehe das Abbild eines westlichen Bürgers, ich fühle mich so. Mir wird schwindelig, ich muss mich an der Ampel festhalten.

»Wann wird es endlich grün«, fluche ich in mich hinein, tappe nervös umher und empfinde ein neues Gefühl. Ich kann es noch nicht einordnen. Es ist wie ein unangenehmer Rausch durch eine Droge, den ich habe, während ich weiß, dass ich diese Droge genommen habe, um so zu empfinden. Ich muss nur abwarten, bis es vorbei ist. Denke ich. Nur weiß ich nicht, was vorbei sein kann. Dieses Gefühl, das sich gegen mich drückt, gegen meine Brust, in mein Gemüt.

Meine Freunde wussten, wann ich lande, sie wussten, dass ich Angst hatte. Ich habe mich daran gewöhnt, dass keiner Zeit hat, mich abzuholen.

Meine Eltern laufen zufällig Hand in Hand über ebenjene Kreuzung, an der ich stehe. Die Ampel schaltet auf Grün. Ich rufe die Namen meiner Eltern, sie bleiben stehen. Und freuen sich ehrlich. Meine Mutter nimmt mich in den Arm, mein Vater schlägt mir im Versuch, liebevoll zu sein, mit der flachen Hand gegen mein Schlüsselbein.

»Wie geht es dir, wo warst du nur wieder?«, will er wissen, sorglos.

»In Afghanistan«, sage ich.

»Was du dich traust«, sagt mein Vater. »Kannst du nicht in schöne Länder fahren? Nach Japan? Tokio liebst du doch so«, sagt er.

Und dann, endlich, weine ich.

04

Von Augenringen und Hunger. Über Liebe

Als wir uns am Flughafen Tokio-Haneda voneinander verabschieden, ist mir kalt. Wir haben die letzte Nacht durchgemacht. Ich bin noch nicht in dem Alter, dass mir Schlafmangel am nächsten Tag ein Problem bereitet, trotzdem zittere ich und habe feuchte Hände, spüre ich die Augenringe und den Hunger, den trockenen Mund. Ich spüre die ungepflegte Seite der Verliebtheit.

Wir haben nicht nur eine Nacht durchgemacht, wir haben die letzten drei Tage in einem geistigen Schwebezustand verbracht. Die Wachheit fühlte sich an wie der Moment, wenn wir spüren, dass wir in den Schlaf hinüberdriften. Und auf dem schmalen Grat zwischen diesen zwei Welten tänzelte ich entlang. Mit ihr.

Dieser Stadtflughafen ist beruhigend, es wirkt, als brächte ich sie nur zum Bus, doch wir beide wissen, dass wir uns nicht wiedersehen werden. Sie fliegt in ihre Heimat, ich fliege weiter nach Neuseeland. Es fühlt sich an, wie in Büchern, in Filmen beschrieben. Wenn der Flughafen kein Symbol der Freiheit mehr ist, sondern ein Ort, an dem zwei Menschen auseinandergerissen werden.

Sie nimmt meine Hand, und weil sie bestimmt zehn Zentimeter größer als ich ist, greift sie ein Stück nach unten, ihre Finger schieben sich zwischen meine, und ich drehe ihre Hand vor meinen Mund, küsse die Knöchel. Auch das: in Filmen oft gesehen. Und es sieht dort eleganter aus. Aber diesem Moment fehlt keine Eleganz, diesem Moment fehlt Freude.

Sie streicht mir durch das Haar und küsst meine Stirn, als wäre ich zwölf. Tatsächlich ist sie älter als ich, aber nur fünf Jahre. Sie zieht meine Stirn an ihre Lippen und flüstert etwas, ich kann es nicht hören. Dann lehne ich mich zurück, sie beugt sich im richtigen Winkel zu meinem Mund hinab, und wir küssen uns. Wir küssen uns so, dass die vorbeiziehenden Inlandsreisenden verächtlich durch uns hindurchsehen. Die Japaner sind neidisch, weil ihre Kultur das öffentliche Begehren verbietet.

Ich vermute das, ich weiß es nicht, es ist mir auch egal. Meine Welt befindet sich zwischen diesen Lippen. Dieser Kuss ist einer der wenigen, der wirklich wenigen echten Küsse, die ich in meinem Leben hatte. Dort, zwischen Family Mart und Automaten, die SIM-Karten verkaufen. Es ist ein Abschiedskuss. Der die gleiche Stärke haben kann wie der erste Kuss. Nein, der viel stärker ist als der erste Kuss, denn ein Abschied bedeutet ein Ende. Der erste Kuss ist ein Ehrenwort, dass alles gut wird.

Ihre Hand schiebt sich unter meinen Pullover, und ich ziehe aus Reflex den Bauch ein und spanne mich an. Weil ich mich schön anfühlen möchte, nicht wie ein Reisender, der nur Geld für Curry mit Reis in schlechten Restaurants hatte und deswegen etwas weich geworden ist.

»Du musst deinen Bauch nicht einziehen«, flüstert sie in mein Ohr. Und dann zieht sie mich zur Verabschiedung fest an sich.

Mein Kopf findet Platz in ihrem Schlüsselbein, und ich ruhe mich dort aus.

Nichts in Japan ist laut, aber dieser Moment nimmt jedes verbliebene Geräusch aus der Wirklichkeit, wie ich sie kenne. Ich höre nur sie durch ihre Jacke, durch ihren Pullover, vorbei am T-Shirt atmen, ich höre ihren Körper arbeiten. Das Vakuum unserer Zuneigung.

Ich gebe auf. In diesem Moment lege ich mich hinein in ihre Statur, die viel stärker ist als meine. In ihre muskulösen Schultern, ihre trainierten Arme. Und sie hält mich fest, nicht ich sie. Ich bin schwach. Ohne dass darin eine Wertung liegt, es ist nur ein Zustand der größten Sehnsucht. Ich lasse mich in sie fallen, und sie muss mich nicht auffangen, weil diese ineinanderliegende Körperhaltung absolut so gewollt ist. Sie zu umarmen ist eine Erinnerung. Welche, weiß ich noch nicht.

»Tschüss«, sagt sie kurz und lächelt.

Ich halte mich fest, noch mehr. »Noch nicht«, sage ich. »Noch nicht«, flüstere ich. »Musst du schon rein?«, will ich wissen und versuche sie zu überreden, noch eine mit mir zu rauchen. Da habe ich noch echte Zigaretten geraucht. Und sie hat extra in dieser Zeit, in der wir uns kennenlernten, in Tokio, mit dem Rauchen angefangen. Für mich.

»Eine noch«, sagt sie, holt eine Schachtel der besten japanischen Zigaretten, Mild Seven, aus ihrem Mantel. Ich kaufe für 100 Yen heißen Kaffee und ein Getränk, das nach Heu und Mais schmeckt. Mit ihren Zähnen zieht sie eine Zigarette für mich und sich aus der Schachtel, zündet beide gleichzeitig an, als würde sie Kette rauchen, seit sie 14 ist.

Taxis halten, die Türen öffnen sich, und weiß behandschuhte Männer weisen den Fahrgästen den Weg, ein Wispern liegt in der Ankunftshalle. Menschen flüstern und bewegen sich fort, als hätten alle Filzschuhe an. Nichts quietscht, nichts lärmt. Keine Reisenden, die mit erregtem Gesicht Mitarbeiter anbrüllen, keine geknallten Koffer, kein Angeben mit Flugstatus. Der japanische Alltag treibt geräuschlos dahin wie ein Fluss aus Öl.

Ich versuche mir alles einzuprägen. Ich will nichts vergessen, denn ich weiß, was ich in den letzten Tagen erlebt habe, wird es so nie wieder geben. Es ist so wichtig wie die Geburt meines Bruders, mein erster Artikel, meine erste Erfahrung mit dem Tod. Was ich erlebt habe, wird ein farbiges Stück Bleiglas im Fenster sein, das mein Leben ist.

»Ich glaube, ich habe mich in dich verliebt«, sage ich. Sie zieht fest an der Zigarette, Rauch kommt aus ihren Nasenlöchern, ein älterer Herr in einer Fantasieuniform stellt sich vor uns, kreuzt die Hände, was bedeutet, wir sollen hier nicht rauchen, dann holt er einen kleinen Taschenaschenbecher aus der Hose und weist uns an, die Zigaretten in dem Aschenbecher in seiner Handfläche auszudrücken. Ich entschuldige mich auf Japanisch. Der Mann ist bestimmt 90 und leistet erstaunlichen Widerstand gegen den Druck meiner Zigarette. Ich danke ihm, entschuldige mich noch einmal.

»Ich glaube«, wiederhole ich mich. »Ich glaube, ich liebe dich«, sage ich zu ihr. Nehme ihre Hand, hauche Luft hinein. Und den Wunsch, dass sie es auch sagen wird.

Sie blickt nach unten, die schwarzen Haare fallen ihr vor das Gesicht, als sollte ich nicht erkennen können, was darin vorgeht, dann richtet sie sich auf. Ich sehe, dass sich auf ihrem unteren Lid Tränen gesammelt haben.

»Sag das nicht«, entgegnet sie fest. Ihr Gesicht ist plötzlich hart, verschwunden die Weichheit der letzten Tage, ihre Lippen ein waagerechter Strich, ihre Augen schmal. »Sag es nicht, sei kein Idiot.«

»Warum nicht?«, will ich wissen und spüre die gesammelte Unsicherheit eines Mannes im 21. Jahrhundert: die Angst, etwas entgegen aller Absicht falsch gemacht zu haben.

»Hab ich was falsch gemacht?«, will ich direkt von ihr wissen.

Aus den Lautsprechern japanische Ansagen, die ich im Kopf simultan übersetze, um mich abzulenken.

»Ich bin verheiratet«, sagt sie.

»Ich weiß.«

»Ich habe zwei Kinder.«

»Ich weiß.«

»Ich bin glücklich mit meiner Familie.« Dann sagt sie, ich hätte nicht passieren sollen. Es klingt, als wäre ich eine Erkältung kurz vorm Urlaub. Ich hätte nicht passieren sollen klingt, als hätte ich vermieden werden können.

»Ich gehe jetzt zu meinem Gate.« Das bedeutet für mich, ich soll ihr nicht schreiben, sonst hätte sie das zum Abschied gesagt. Natürlich geht sie zu ihrem Gate, wohin soll sie sonst gehen, deswegen sind wir doch am Flughafen.

Die Flugzeuge der Vereinten Nationen fliegen so dicht über meinen Kopf, dass ich das Gefühl habe, ich könnte sie am Reifen festhalten.

Ein Pool, ein Büfett, das unter Zellophan sein Essen verbirgt, Schwarze Kellner, die mit gehasster Unterwürfigkeit weißen Gästen des Hotels Cola ohne Kalorien bringen. Dicke Männer, die Rauch hustend Kaffee trinken und zu laut miteinander sprechen. Es ist heiß in Goma, einer Stadt im Kongo. Der Schweiß steht allen auf der Stirn.

Michael Menzel und ich sitzen am Tisch, schweigen. Er checkt Fußballwetten, und ich durchsuche das Internet nach verwertbaren Informationen über den Norden des Landes.

»Ist es gefährlich?«, fragt er mich. Und ohne meine Antwort abzuwarten, blickt er wieder auf sein Telefon. Der Kongo ist natürlich gefährlich. Das Land hat erst fremde Grenzen bekommen, gezogen von Menschen, die nicht mal vor Ort waren, für Länder, die hier im Herzen Afrikas kolonialisierten. Dann wurde die Bevölkerung versklavt, später kamen die Kriege und Aufstände. Franzosen, Briten, Niederländer, Deutsche, alle haben sich erst um ein Land, dessen Namen ich nicht kenne, dann um Zaire und noch später um den

Kongo gestritten. Der Kongo hat Gold, Uran, Lithium, seltene Erden und genug Menschen, die in den Minen sterben für den Wohlstand anderer.

Und es ist ein schönes Land, ein seltenes, keines, das wie andere Länder aussieht. Mexiko sieht wie Spanien aus, Kroatien unterscheidet sich kaum von Griechenland. Der Kongo steht für sich allein.

Weiße Menschen kommen in dieses Land nur, wenn sie etwas wollen. Entweder Rohstoffe oder Argumente zur Gründung einer NGO – in einer Region nach dem Leid der Bewohner zu schürfen ist wie der Abbau von Gold. Es bringt Dollar.

Wir reisen in den Norden, weil wir Minen sehen wollen; wir wissen, dass wenigstens fünf verschiedene Milizen um diese Rohstoffe entweder für oder gegen internationale Unternehmen kämpfen. Nicht mal die Menschen, die hier leben, erkennen, wer eigentlich der Feind ist. Aber das ist nicht die Geschichte, die ich hier erzählen will. Ich will über etwas sprechen, das ich selbst nicht verstehe, aber das mehr wert ist als alles Gold, Uran und Lithium der Welt zusammen. Liebe.

Mir ist die Abwesenheit von Liebe aufgefallen. Auch, weil Michael Menzel Liebeskummer hat. Ich kenne ihn lange, seit sechs oder sieben Jahren, und auch er ist ein Mensch, den ich als Freund bezeichne, den ich kaum außerhalb von gefährlichen Situationen sehe. Nur einmal, als der erste Lockdown Deutschland in einen endzeitlichen Dämmerschlaf versetzt hat, haben wir uns in Berlin getroffen und zusammen *Stars unter Palmen* geguckt. Weil wir nichts mit uns anfangen konnten, weil wir eigentlich irgendwo im Ausland sein sollten.

Menzel, ein kleiner, kräftiger Mann mit beneidenswertem Bartwuchs, saß auf meiner Couch und ließ dem Kummer über seine nicht stattfindende Beziehung freien Lauf. Er war

Teil eines Dreiecks geworden, das er sehr gerne in eine Linie mit zwei Punkten verwandelt hätte. Aber er schaffte es nicht. Diese Geschichte zog sich. Ich habe ihn im Irak beobachtet, wie er mit wenig Netz teure SMS nach Deutschland schickte, ich konnte ihn eben auf dieser Kongo-Reise beim Abgleichen von Wetteinsätzen und dem Betrachten zweier blauer »Gelesen«-Häkchen auf WhatsApp beobachten. Er litt, während das Leid der Welt an ihm vorbeizog. Er war so verliebt, dass nicht mal Kriegsgebiete ihm etwas anhaben konnten.

»Wenn sie bei mir ist«, sagte er, »dann ist alles egal.« Sie würde die Wirklichkeit vergessen machen. Das hat er nicht gesagt, das habe ich vermutet, so wie er sie beschrieb. Und ich erinnerte mich an Japan neun Jahre zuvor. Erinnerte mich an die Frau.

»Ich habe noch 48 Stunden«, sagt sie. Es ist ein Wintertag in Tokio, der immer wärmer ist, als in den Nachrichten angesagt. Wir spazieren durch den Yoyogi-Park, einen künstlichen Urwald, der so perfekt angelegt ist, dass er sich echt anfühlt. Obwohl es Dezember ist, drücken sich Knospen und Blätter aus den trockenen Ästen der Bäume. Wir laufen nicht nach Worten ringend nebeneinander, wie es für Menschen gilt, die sich nicht kennen, aber in den letzten 24 Stunden Geschlechtsverkehr hatten. Wir reden, und unsere Körper haben vergessen, wie sie sich anfühlen aneinander. Aber ich höre nicht mit ganzer Aufmerksamkeit zu, ich beobachte sie aus dem Augenwinkel, weil ich nicht glauben kann, dass diese erwachsene Frau mich, den jungen Mann mit seidenem Schnurrbart, schlechter Kleidung und fehlenden Manieren, begehrt.

Sie trägt eine Hose, die zu ihrem schwarzen Pullover passt, ihr schwarzes, glattes Haar ist frisiert. Wann nur findet sie die Zeit, sich zu frisieren?

»Was wollen wir machen?«, fragt sie, und ich denke, es könnte eine große Frage sein.

»Was meinst du?«

»Was wollen wir heute Abend machen?«

»Kino?« Und sie lacht, weil Europäer, die nach Tokio fahren, nicht ins Kino gehen. Sondern von einem Restaurant ins nächste fallen, in kleinen Geschäften unnütze Souvenirs kaufen wollen. Weil sie in Kabukichō, in Shinjuku mit offenen Mündern anderen Menschen auf sechsspurigen Straßen im Weg stehen wollen und es okay so ist.

»Dann lass uns ins Kino gehen«, sagt sie und nimmt zum ersten Mal meine Hand. Ein fester Griff, wir finden die richtige Haltung der Hände zueinander, und ich bekomme eine Gänsehaut. Weil die richtige Lage der Hände zueinander oft ein komplizierterer Vorgang ist als der erste Kuss. Als würden wir uns die Hände schütteln, Guten Tag sagen, dann aber nicht loslassen und uns einfach weiter begrüßen, aber auf Hüfthöhe. Wie ein M laufen wir nebeneinander her, und unsere Daumen streichen über die weiche Haut zwischen den Fingern des anderen. Es könnte uns erregen, aber es gibt uns Ruhe. Ich, Freund des Händeschüttelns als absoluter Form der Begrüßung, der in gekonntem Schütteln große Befriedigung empfindet (nicht zu fest, bloß nicht zu weich, Haut zwischen den Daumen muss sich berühren, dreimaliges Schütteln genügt), habe in diesem Moment die gefährliche Ahnung: Ich habe meine perfekte Handpartnerin gefunden.

Und obwohl das Händchenhalten in dieser Stadt so üblich ist wie im Gehen zu essen, spielt es keine Rolle, dass wir an einem Schrein im Yoyogi-Park weiter zärtlich bleiben. Ich lege meine Hand in ihren Nacken und streiche über ihre Haut, als wären wir ein Paar, dabei sind wir nur Reisende, die über ihre Einsamkeit gestolpert sind.

Wir treiben wie totes Holz durch Tokio. Alles wirkt wie in

einem Filmset für Empfindungen. In Omotesandō stehe ich mit ihr lange an, um Baumkuchen zu essen, und wir reden dabei, die ganze Zeit, bis mir schwindelig ist. Wir kaufen ihr eine teure Bomberjacke in einem Geschäft, und ich kaufe mir ein T-Shirt. Weil ich zum Zeitpunkt dieser Geschehnisse noch nicht genug Geld verdiene, lädt sie mich auf fast alles ein. Ich finde das sehr attraktiv.

»Wollen wir was essen und dann ins Hotel?«, fragt sie mich, und ich weiß nicht, ob es eine andere Möglichkeit gibt, als Ja zu sagen.

»Ich kenne ein gutes Restaurant in der Nähe des Hotels«, sage ich, und sie lächelt, als würde sie es mir nicht glauben. Und natürlich ist es kein gutes Restaurant, sondern ein Schnellimbiss, da aber Japans Schnellimbisse in Deutschland Sternerestaurants wären, zumindest ist das meine Annahme, bin ich davon überzeugt, dass es ihr gefällt.

Um uns herum sitzen, dem Namen entsprechend, schnell essende Japaner, die wartende Menschen hinter sich haben. Unter dem Tisch klemmt sie als liebevolle Geste meine Knie zwischen ihren ein, streichelt weiter meine Hand, und immer wenn die Neonreklame draußen kein Licht spendet, küsst sie mich. Zum ersten Mal in meinem Leben lasse ich mich küssen, nicht ich küsse. Ich spüre ihre Lippen, ihre Zunge, ihre Hände, die mein Gesicht umfassen, wenn sie mich küsst, und dabei spüre ich, wie immer mehr diese Hülle von mir abfällt, die wir uns anlegen, um überlegen zu wirken. Bloß nicht verletzbar sein, bloß keinen Schmerz zulassen.

»Was tun wir hier?«, frage ich, während sie geräuschlos eine Suppe isst. In meiner Stimme liegt keine Wut, kein Unverständnis.

»Ich weiß es auch nicht.«

»Wir sind ein Paar. Für die kürzestmögliche Zeit«, sage ich.

»Es wäre kürzer möglich, manchmal ist man auch nur für wenige Stunden ein Paar«, sagt sie und veranlasst mich zu fragen, ob sie schon öfter im Ausland eine Affäre hatte.

»Natürlich, ich arbeite im internationalen Hotelwesen, ich reise umher, schlafe ständig in Hotels, bin immer an irgendeiner Bar, um mich davon abzulenken, dass ich nicht zu Hause bin bei meiner Familie.«

Der Satz trifft mich. Mir war nicht klar, dass ich so schnell eifersüchtig werden könnte. Insbesondere weil ich überhaupt nicht eifersüchtig bin. Also grundsätzlich nicht.

Dann erzählt sie von ihrer Familie. Und ich will es hören. Sie erzählt von ihrem Mann, vom Kennenlernen im Studium. Dass sie schon lange zusammen sind. Sie erzählt von der ersten Schwangerschaft, viel zu früh, und von der zweiten Schwangerschaft, die er wollte, aber nicht sie.

»Darf ich das sagen?«, fragt sie. Und ich bestelle noch Gyoza, Teigtaschen, um irgendetwas zu tun, während sie redet.

»Was fehlt dir?«, frage ich sie. Sie zuckt mit den Schultern.

»Gesehen zu werden? Du hörst mir zu«, sagt sie. »Und erzählst auch selbst was. Wenn man lange zusammen ist«, sagt sie und unterbricht sich ebenfalls, um Gyoza zu bestellen, »redet man nur noch funktional.« Ich würde das nicht verstehen. Und tatsächlich verstehe ich das nicht. Zu diesem Zeitpunkt sind Beziehungen für mich eine schmerzhafte Aneinanderreihung sehr körperlicher Erfahrungen. Früher war man zusammen, wenn man sich geküsst hat, später bildeten sich Partnerschaften, weil der Sex gut war. Doch Küssen und Sex, das hat nie gereicht. Ich lerne gerade durch sie, dass es wohl das Reden ist. Miteinander, nicht übereinander reden.

»Das Essen ist scheiße«, sagt sie und lacht. Über unsere Gyoza hinweg beugt sie sich zu mir und küsst mich, am Essen vorbei, obwohl ich noch kaue. Ich bin glücklich, denke ich.

»Ich bin glücklich«, sage ich.

»Ich auch.«

Dann bestellt sie ein Bier. Nachdem sie es ausgetrunken hat, signalisiert sie mir, dass sie ins Hotel möchte. Wir laufen schweigend durch die schmalen Straßen, vorbei an den Pachinko-Hallen, die, wenn die Türen sich öffnen, ohrenbetäubenden Lärm in die Straße entlassen. Ich blicke zu ihr, sie bemerkt es nicht, und ich werde zu dieser Stadt. Alles, was passieren kann in den nächsten Stunden, ist unübersichtlich, über allem liegt das schweigsame Rauschen dieser Großstadt. Die gesittete Ordnung im Chaos.

Wir fahren durch den Norden des Kongos, stundenlange Autofahrten, die niemals langweilig werden. Ich treffe mich immer wieder mit Offiziellen, sogar einmal mit einer Königin, auf dem Dach eines Hotels, das hier luxuriös ist, in Deutschland aber einstürzen würde.

Wir verhandeln mein Leben. Ich brauche für jedes Stück Strecke einen Stempel, eine Passierbescheinigung. Die Reise ist lang und beschwerlich, wir müssen über den Kivusee, 48 Stunden dauert das, auf einem Boot, das 450 Passagieren Platz bietet. Ein Jahr nachdem ich mit diesem Schiff über den Kivusee gefahren bin, ist es untergegangen, 200 Menschen sind ertrunken.

Menzel und ich sitzen auf dem Deck und bewundern diesen See, der sehr leblos wirkt. Keine Tiere, nichts, nur Landschaft und die Fläche, die das Wasser bildet. Wir wissen, warum es so ist: Der Methangehalt in diesem See ist sehr hoch. Es ist ein Meer aus Gift, das 1986 die Dörfer an den Ufern des Nyosees ausgerottet hat. Es steigen Methanblasen auf, sie zerplatzen an der Oberfläche, und das Gas kriecht durchs Land, bis es ein Dorf erreicht und die Bewohner im Schlaf erstickt.

»Unheimlich, oder?«, frage ich Menzel, der wieder auf seinem Handy spielt.

»Mhm«, sagt er. Ich bin erschöpft, lege meinen Kopf auf seine Schulter und schlafe ein. Wir teilen uns die Königskabine. Für umgerechnet 20 Dollar dürfen wir darin schlafen, sie hat verschließbare Türen, und sollte es einen Überfall auf dem Schiff geben, sind wir direkt hinter dem Kapitän. Er trägt eine Waffe bei sich.

Als es Abend wird, essen wir zum Stampfen des Motors grätenreichen Fisch. Wir teilen Zigaretten und die Reste des Fisches. Wir teilen das Bier. 150 Männer, Menzel und ich sitzen schweigend auf diesem Schiff und blicken in die dunkle Landschaft des Kivusees. Später im Bett löffeln Michael und ich. Wir fühlen uns nur aneinander sicher, obwohl wir die Gittertür verschlossen haben. Vor dieser Tür schlafen knapp 150 Männer auf dem Stahlboden. »Soldaten«, sagte der Kapitän, »die Ärmsten der Armen.« Wir sollten auf unsere Sachen aufpassen.

Aber wir löffeln ja, wie all die frierenden Soldaten auf Deck, auch sie liegen eng beieinander, Becken an Becken. Ich übersehe diese große, verzweifelte Gruppe Menschen, es wirkt, als sei das ganze Oberdeck mit Fischgrätparkett aus Menschen verlegt. Sie wispern, schlafen, haben schlechte Träume, sie haben Angst, aber sie wollen mich nicht bestehlen.

Während ich hier bin, erfüllt mich der Gedanke, dass jede Nacht im Leben dieser Menschen, die »aufspringen, falls was ist«, Angst herrscht. Jede Nacht nur halber Schlaf, in Kleidung.

»Ich vermisse sie«, sagt Michael, und ich weiß, was er meint. Die Einsamkeit, die sich einstellt, während man unterwegs ist, verstärkt die Sehnsucht noch. Die Einsamkeit auf Arbeitsreisen unterscheidet sich von der, die wir im Urlaub haben, wenn wir uns auf Weltreisen selbst zu finden versuchen.

Die Einsamkeit des Handlungsreisenden ist eine andere. Vermutlich auch, weil es auf diesen Reisen nicht darum geht, etwas zu teilen. Es spielt keine Rolle, ob man als Versicherungsvertreter auf der A2 unterwegs ist, abends ein Schnitzel isst, um in einem hölzernen Einzelzimmer zu schlafen, oder ob man im Kongo UN-Mitarbeiter am Frühstücksbüfett beobachtet. Der Mensch, dem Menzel sehnsüchtig hinterherdenkt, soll hier auf dem Kivusee nicht dabei sein. Auch damit er nicht in Lebensgefahr ist.

Nach langer Anreise erreichen wir ein Dorf, dessen Bewohner in den Minen schuften. Es sind keine romantischen Dörfer, keine Siedlungen, die eine lange Tradition kennen, es sind funktionale, dreckige Flecken in einer Landschaft, die Natur war und jetzt nur noch schmutzig ist. Holzhütten, von der Feuchtigkeit schimmelig, kleine Läden, die Schnaps und Windeln verkaufen. Restaurants und Friseure, die die immer gleichen Frisuren auf handgezeichneten Schildern bewerben.

Wir werden hier übernachten, Michael Menzel räumt die Kameras in das Hotel, das kein Hotel ist, sondern einfach nur Räume in einem Haus, das nicht bewohnt ist. Wir haben kein Wasser, keine Heizung, wir werden in Wäsche schlafen, und morgen werde ich eine Mütze tragen, weil ich weiß, meine Haare werden fettig sein. Ich mag keine fettigen Haare.

Wir schlafen schnell, ich sehe Menzels vom Handy erleuchtetes Gesicht. Er schreibt nach Deutschland, damit er sich nicht allein fühlt. Ich finde das schön, wie verliebt er ist, dass er mitten im größten menschlichen Leid seinen eigenen Kummer empfindet. Die Ungewissheit einer jungen Liebe überdeckt den Schmerz der Welt. Macht ihn sogar unsichtbar für Menzel.

»Wollen wir noch einen Film gucken?«, frage ich ihn. Er will lieber Nachrichten schreiben.

»Wollen wir in ein Café gehen, das mir etwas bedeutet?«, frage ich sie. Und sie nickt. Sie ist betrunken, muss sich an meinem Ellbogen festhalten, ich bin genauso betrunken.

»Normalerweise mache ich so was nicht«, sagt sie und meint den Kuss, der vor wenigen Minuten stattgefunden hat.

»Ich auch nicht«, sage ich.

Wir verlassen den Bahnhof Shinjuku und laufen schweigend, betrunkene Geschäftsleute ziehen an uns vorbei, kotzen in Mülleimer. Manche liegen auf dem Boden und schlafen. Wenn es an einem späten Wochentag in Tokio Nacht wird, sind viele Menschen sehr betrunken.

Es ist ein altes Yakuza-Café, in das die japanische Unterwelt geht. Es war ein Zufallsfund, mittlerweile gehe ich dort seit über zehn Jahren hin, trinke Kaffee und Cola, sitze dort lange, schreibe, lese Bücher. Oft gehe ich in der ersten Nacht in Tokio in dieses Café und freue mich über die Unzurechnungsfähigkeit des Jetlags, das Schmierige, das sich über mein Hirn legt.

Nun sitzen wir beide dort, und wir reden nicht, wir beobachten uns und ziehen betrunken an Strohhalmen. Ich habe ein Cokefloat und ein Waldmeisterfloat bestellt. Brause mit Eiskugeln. Es eignet sich, um Diabetes zu bekommen und einen Rausch zu beenden.

»Wie heißt du?«, will ich wissen, und sie sagt mir ihren Namen. Ich sage ihr meinen, obwohl sie nicht gefragt hat.

»Soll ich dir ein Taxi bestellen?«, frage ich.

»Lass uns hier noch ein bisschen sitzen. Rauchst du?«, fragt sie mich. Ich sage Ja, ziehe eine Schachtel aus der Tasche, mit den Zähnen entnehme ich eine Zigarette – ich rauche, seit ich 14 bin – und zünde sie an, reiche ihr die Zigarette mit dem von meinen Lippen feuchten Filter.

»Ich rauche nicht, ist meine erste«, sagt sie. Und hustet, hält die Mild Seven ungelenk, dann dreht sie sich auf ihrem

Stuhl, ich erkenne ihren Rücken, sie blickt aus dem Fenster und raucht.

»Es ist so schön hier, niemand versteht mich, niemand weiß, wer ich bin.« Dann bestellt sie einen japanischen Whisky. Also ich bestelle ihn, weil ich ein bisschen Japanisch spreche.

Der Kellner hat gefeilte Fingernägel und trägt Rouge, ein älterer Herr neben uns spielt ein Glücksspiel und raucht unverschämt viele Zigaretten hintereinander, er zündet die neue mit der alten an. Eine junge Frau spielt auf ihrem Klapphandy, ein Mann, Ende 20, schläft. Er trägt spitze Schuhe und eine Frisur wie aus den Fünfzigern. Später werde ich lernen, dass man daran die Yakuza erkennt.

Jeder von uns in dieser Stadt mit 30 Millionen Menschen ist einsam: der Mann, die Frau, der Kellner und ich. Und die Frau, die holprig rauchend mir gegenübersitzt.

Es ist einer der schönsten Momente meines Lebens, als ich in diesem Café sitze und alles und jeden beobachte.

Als sie ihre Füße auf den Sitz legt, ihren Kopf auf das Kunstleder der Couch, die vor dem Panoramafenster steht, kommt der Kellner mit den gefeilten Nägeln und ermahnt uns.

»Ich bin müde«, sagt sie.

»Ich rufe dir ein Taxi«, sage ich.

»Ich habe alles, was ich wollte«, flüstert sie. »Und ich bin so einsam.«

Ich sitze mit Menzel in einem hölzernen Verschlag voller Frauen. Es ist früher Morgen, noch kalt, Menzel baut die Kamera auf. Ich sehe in meine Notizen, ich werde heute mit Minenarbeiterinnen reden. Wenn die Tür offen steht, sehe ich die Berge weit im Hintergrund aus dem Morgennebel aufsteigen. In der Nacht hatten wir einen Sicherheitsmann vor der Tür und eine batteriebetriebene Alarmglocke, die Radau macht, wenn die Tür aufgetreten wird.

Aber ich fühle mich wohl in diesem Land, fühle mich nicht bedroht, nicht gefährdet, lediglich Ebola macht mir Sorgen. Wir lesen in den Nachrichten, dass es ganz hier in der Nähe Ausbrüche gab.

Rund 20 Frauen haben sich in dem Raum versammelt, wir haben Tische im Kreis aufgestellt, es wird eine Fragerunde, weil die meisten nicht alleine mit mir sprechen wollen.

»Wie ist die Arbeit hier?«, frage ich. Alle lachen. Schrecklich, sagen sie.

»Was arbeitet ihr?«

»Wir verkaufen Schnaps«, sagen sie und meinen selbst gebastelten Alkohol, der die Menschen blind werden lässt, der ihnen mit jedem Schluck mehr und mehr Hoffnung gibt, weil er ihnen mehr und mehr Hirn zerstört.

Sie sprechen darüber, was es heißt, eine Frau zu sein im Kongo, wie schwer das Leben ist, dass viele von ihnen aus den Minen gerettet wurden, dass sie jetzt als Näherinnen arbeiten, in Sicherheit sind.

»Weil die Minen einstürzen?«, frage ich. »Wegen der Rebellen? Der Islamisten?«

Die Frauen sehen sich an, der Übersetzer übersetzt. Dann sieht er zu mir herüber und flüstert auf Englisch: »Wegen der Männer.«

Ich habe in meinem Leben bislang 109 Länder besucht. Das ist gut die Hälfte aller Länder dieser Erde. Ich habe mit bestimmt 1000 Menschen Interviews geführt, zu jedem Thema, das man sich vorstellen kann. Etwas habe ich durch diese Interviews gelernt.

Liebe, so wie wir sie kennen, ist ein Luxus der Industrienationen.

Von diesen 109 Ländern sind vielleicht zehn Industrienationen. Der Rest: Arm. Zerstört. Trocken. Ausgekauft. Ausgelaugt.

Ich habe in diesen Ländern auch über Liebe gesprochen. In Syrien haben mir Frauen erzählt, dass sie ihre Männer lieben, weil sie Essen mit nach Hause bringen. In den Urwäldern des Amazonas wurde meine Frage nach Liebe nicht verstanden. In Nordkorea fragte ich meinen Tourguide, ob sie sich mal in einen Ausländer verliebt habe, und wurde ausgelacht. Männer, sagte sie, sind in Korea schwach und im Rest der Welt auch. In Russland wurde geliebt, wenn der Mann kein Alkoholiker war. In Kenia, wenn er nicht die Genitalien der Tochter beschneiden möchte.

Jedes Land hat mir die Liebe neu definiert, immer wieder tragisch. Niemals so, wie ich sie selber erfahren habe.

Die erste Freundin, die zweite, die dritte und vierte. Immer waren es große Geschichten einer schönen Liebe, Erzählungen von Missverständnissen und Begehren, von Respekt und Anerkennung auf Augenhöhe. Bis diese Lieben zerbrachen. Dann schlugen wir uns gegenseitig Wunden.

Liebe, so wie wir sie definieren, wie wir sie ultimativ individuell empfinden, ist eine Erfindung unserer Welt. Wir können uns erlauben, so zu lieben, weil wir keine Sorgen haben, weil wir keine Schmerzen kennen. Wir haben keine Sorgen, weil wir in Industrienationen leben, die ihren Reichtum, ihre Sattheit aus den Ländern dieser Welt herauskolonialisiert haben. Wir haben uns Autobahnen, Fabriken, iPhones, Karrieren, späte Kinderwünsche, Eigenheime, Instagram, die Lust am Reisen, ja, wir haben uns die Liebe zusammengeraubt.

Wir haben nicht nur die Würde, nicht nur die Rohstoffe, die Leben aus Afrika, Südamerika, Asien gezogen, wir haben den Menschen die Fähigkeit zu lieben genommen.

Liebe ist ein Produkt der postkolonialen Welt. Ich weiß, es

klingt wie ein Newsletter der *taz,* wie ein Bulletin der Linken, und das meine ich nicht abwertend, es klingt einfach so.

Jedes Land, das wir in die zweite oder dritte Kategorie stecken, ist geprägt durch die Abwesenheit dessen, was wir Romantik nennen. Wenn wir von Liebe in unserem Verständnis sprechen, meinen wir etwas, von dem 80 Prozent der Weltbevölkerung nicht mal träumen können. Und sie können davon nicht erzählen, weil sie es nicht kennen.

Die großen Liebesgeschichten im Rest der Welt fanden statt, bevor die Europäer kamen. Liebesgeschichten von anderen Kontinenten sind oft Geschichten aus einer anderen Zeit. Sie spielen vor 300 Jahren, vor 2000 Jahren. Aber heute? Was ist die große nigerianische Liebesgeschichte des 21. Jahrhunderts, welche Filme kennen wir aus den Philippinen? Welche Liebesmusik kennen wir aus Honduras? Wir müssen sehr genau hinsehen, um Beispiele zu finden. Sie spielen keine Rolle in einem Massenmarkt der Gefühle, weil wir so sehr daran gewöhnt sind, wie eine Liebesgeschichte auszusehen hat. Orpheus auf dem Weg in die Unterwelt, Romeo und Julia, der Film *Tatsächlich … Liebe,* in dem sich Colin Firth in eine portugiesische Putzfrau verliebt: Das ist Liebe.

Wir kennen es nicht, weil die Bücher, die Lieder, die Filme dort von einer anderen Art Liebesleid erzählen. Selbst die Liebesballaden in Syrien, in Afghanistan, im Libanon erzählen vom Leid. Liebesgeschichten aus dem Rest der Welt sind wie die Musik von dort, dem europäischen Ohr erscheinen sie oft dissonant. Weil sie von anderen Erfahrungen genährt sind. Auf deren Zwischentöne sich unser Ohr nicht einlassen mag.

Das Paar – ich erinnere mich nicht mehr an die Namen der beiden – sitzt in seiner Hütte. Betonierter Boden, ein Tisch, ein Stuhl, die warme Luft unserer Körper sammelt sich unter dem Wellblech, der Geruch von Hühnern und Mist. Ein zweites fensterloses Zimmer, eine Matratze, eine alte Gardine als Vorhang.

Der Mann spielt an seiner Uhr herum, dreht sie nervös zwischen seinen Händen, weil wir nicht mit ihm reden dürfen. Er bietet uns Milch an, die ich ablehne. Die Frau beobachtet uns mit im Schoß gefalteten Händen. »Ich habe früher Alkohol auf den Minen verteilt«, sagt sie. Ihr Mann sieht in die dunkelste Ecke des Hauses, als sie es erzählt.

Ihr Arbeitstag beginnt vor Sonnenaufgang, sie ist elf Jahre alt, kauft für sehr wenig Geld den selbst gebrannten, klaren Schnaps, dann geht sie den Berg hinauf, geht zu den Löchern, nicht größer als ein Mensch, der sich ungesichert hineinbegibt auf der Suche nach Coltan, nach Gold, nach Edelsteinen, die er verkaufen könnte.

Die Männer sind älter. Ihre Augen glasig, die Rücken schwitzig, sie arbeiten seit Tagen, ohne Pause. Es ist heiß in den Stollen. Oft bebt es im Kongo, dann fallen sie geräuschlos in sich zusammen, zerdrücken jeden sofort. Die Männer trinken Schnaps, um das alles zu ertragen. Sie kaufen den Alkohol von den Mädchen, und dann vergewaltigen sie sie.

Die Frau erzählt es. Einfach so. Ihr Mann hört zu. Sie lächeln verlegen. Weil es zum Alltag gehört, vergewaltigt zu werden. Hier gehört es dazu, zum Leben an den Minen, die für uns betrieben werden.

Sie dachte sich weg, wenn es passierte. Und es geschah immer.

»Liebst du ihn?«, frage ich sie. Flüstere ich. Blicke dabei zu dem Mann mit der goldenen Uhr. Er legt seinen Arm um ihre Schultern.

»Er vergewaltigt mich nicht«, sagt sie.

Dann beenden wir das Gespräch.

Sie steht an einem Fahrkartenautomaten, die Hand unter das Kinn gelegt, ratlos. »Kann ich Ihnen helfen?«, sage ich auf Englisch mit schwerem deutschem Akzent. Ich mache das mit Absicht, damit mein Gegenüber im Zweifel erkennen kann, ob es mit mir auch deutsch reden könnte, oder selbst weniger Scham hat, in akzentschwerem Englisch mit mir zu sprechen.

Die Frau lächelt. »Unbedingt«, sagt sie auf Deutsch.

»Wo wollen Sie hin?«, frage ich sie, und sie sagt, nach Shinjuku. »Ach, da muss ich auch hin«, sage ich. »Ich lade Sie ein.«

Die Geschichte, die ich hier aus Japan erzählt habe, ist ausgedacht. Ich habe dafür Versatzstücke aus Liebesfilmen genommen, ich habe ein Setting gebaut, Szenen komponiert und so Gefühle erzeugt, die die meisten Leserinnen und Leser nachvollziehen werden. Liebe ist genau so. Meist unglücklich. Es wird vermutlich keinen Zweifel daran gegeben haben, dass mir diese Geschichte wirklich so passiert ist. Aber ich habe sie nicht erlebt.

Das ist unsere Liebe. Ein gemeinsamer Nenner, etwas, das viele verstehen, weil viele die Möglichkeit haben, so zu lieben. Dass sich die Erfahrungen gleichen, macht Lieben einfacher. Es spielt keine Rolle, wo das Begehren stattfindet, in Tokio am Flughafen oder am S-Bahnhof Lichterfelde. Wir verstehen es, weil wir es nachvollziehen können, weil wir es in unserem Kulturkreis seit Jahrhunderten reproduzieren. Das Gefühl wird wohl auf der ganzen Welt gleich sein, der Grund allerdings, warum wir lieben, ist wie das Wetter – immer und überall unterschiedlich.

05

Ich wollte kein Nazi werden, aber Zauberer. Über Religion

Ich musste erst sterben, um eine religiöse Erfahrung zu haben. So hingeschrieben, klingt das seltsam, als wäre es das Normalste von der Welt, nach dem Tod munter weiterzuleben.

Auf einem staubigen Plateau hoch oben in den Bergen an der Pazifikküste Mexikos bin ich gestorben. Es ist kalt, ich trage einen Poncho. Ein Schamane oder zumindest jemand, der sich Schamane nennt, reicht mir einen Napf mit ausgekochtem psychedelischem Trüffel. Es riecht nach nichts, erinnert mich an Badewasser. Haare des Schamanen finden sich in dem Sud.

Es ist ein schöner Tag, an dem ich sterben muss. Die Sonne steht steil und brennt heiß auf mein Gesicht, ich kann meine Nase beim Rotwerden beobachten. Und obwohl es ein schöner Tag ist, um mich die herrliche Landschaft nahe der Pazifikküste, fühle ich mich unwohl, der Schamane raucht wie John Wayne in einem John-Wayne-Film, Zigarette im Mundwinkel, spitzt die Lippen und sagt: »Hier, trink«, dann dreht er sich weg.

»Ist das nicht viel zu stark?«, frage ich ihn. Immerhin habe ich ungefähr dreißig Gramm Trüffel gekauft, und er hat die ganze Knolle für mich zubereitet.

»Ach, Quatsch, du schaffst das schon, du bist ja kräftig«, dann schnippst er gegen meinen Bauch.

Es kann nur scheiße werden. Ich stehe vor ihm und trinke

in großen Zügen, den Napf in beiden Händen. Es schmeckt dumpf, ich spüre ein Haar auf meiner Zunge, Krümel vom Myzel klammern sich an mein Gaumenzäpfchen, wollen nicht verschluckt werden. Ich trinke das Gebräu so, als hätte ich Angina, und meine Mutter reichte mir Fencheltee.

»Wird schon«, sage ich zu Martin. Er ist mit dabei, und ich bin sehr froh darüber. Ich beobachte Krähen, die große Raupen aus dem Boden ziehen, sitze auf der Kante des Plateaus und blicke hinab in ein Tal, in dem keine Menschen leben. Die Wirkung setzt ein, aber da habe ich schon nicht mehr die geistige Kraft, von einer »Wirkung« zu sprechen. Der Pilz wirkt nicht, sondern er hat meine Wirklichkeit ausgetauscht. Ich *bin* jetzt der, als den ich mich wahrnehme. Nicht wie beim Alkoholrausch, wo klar ist: Ich bin besoffen, das geht vorbei. Nicht wie beim Kiffen, wo klar ist: Das Kribbeln in den Wangen und die kalten Hände deuten auf einen Absturz hin, und danach ist es vorbei. Der Rausch des Pilzes ist ein Rausch, der die Realität ersetzt.

Ich denke, ich bin der erste und einzige Mensch mit einer Psilocybin-Allergie und muss jetzt hier sterben. Der Magen dreht sich um, windet sich, als würde er meinen Körper durch den Mund verlassen wollen, ich lege die Hände an den Bauch. Martin filmt.

»Martin«, sage ich. »Mir geht's nicht gut, ich glaube, ich muss mich mal kurz hinlegen.« Ein Kiffersatz, der auch bei einer Überdosis Pilze einsetzbar ist. Ich versuche mich aufzurichten, mir ist plötzlich entsetzlich kalt, Schweiß steht mir auf der Stirn, ich kämpfe und lasse mich in den Staub sinken, in den Schatten eines Baumes. Ich falle auf meine Arme, die sich in meinen Bauch bohren, und bleibe liegen. Ich höre den Schamanen sagen, man solle mich auf den Rücken drehen, sonst würde ich ersticken. Der Tod will sich wie eine dunkle Decke über mich legen.

»Hilfe«, flüstere ich ängstlich. »Ich glaube, ich sterbe«, sage ich zu Martin, und er lacht, es ist das Letzte, was ich sehe. Martin, der lacht, einen Ziegelstein in die Hand nimmt und sagt: »Das ist dein Gehirn, du wirst nicht sterben.« Warum er mir gerade einen Ziegelstein zeigt, wissen wir beide nicht.

Ich kann nicht mehr reagieren, kann ihm nicht sagen, dass ich es seltsam finde, dass er mir einen Stein zeigt und mich damit zu beruhigen versucht. Mein Kopf liegt auf der Seite, das Letzte, das ich noch bewegen kann, sind meine Lider. Ich weiß, eine Überdosis Psilocybin zeigt sich als Lähmung.

»Ich sterbe jetzt«, sage ich zu Martin und meine das vollkommen ernst. Ich bin in diesem Moment davon überzeugt, dass ich sterben müsse. In Mexiko, in der Nähe von San José del Pacifico, neben dem ketterauchenden Schamanen und Martin mit dem Ziegelstein. Ich müsste dazu nur meine Augen schließen. Ich fühle diesen Satz und empfinde Erleichterung.

Ich habe mich damit abgefunden. Ich habe die Augen geschlossen. Was hier nach einer bizarren Anekdote klingt, nach einem dummen Drogentrip, hat in Wirklichkeit großen Einfluss auf mein Leben genommen.

Dieses Sterben. Ich bin gestorben. Ich war tot.

Als ich das letzte Licht auf meine Netzhaut habe treffen lassen, wurde es warm in mir. Von der Mitte meines Körpers ging eine Hitze aus, als hätte ich eine Wärmflasche auf dem Bauch, und diese Wärme, dieses Licht. Ja, da war tatsächlich ein grelles Licht, auf das ich zuschwebte, es gab mir völlige Sicherheit. Meine innere Stimme sagte mir, es ist okay zu sterben. Und dann habe ich losgelassen.

Es ist 1996, als mein bester Freund Robert und ich in meinem Kinderzimmer auf dem Teppich sitzen und ein neues Kartenspiel spielen. Das Fenster steht offen, ich höre den Lärm Berlins. Zu diesem Zeitpunkt ist meine Welt noch sehr klein. Der Weg zur Schule, der Weg zu Robert, zu Mutter in die Buchhandlung gegenüber. Ich erweitere die Welt, indem ich mit Robert spiele. Manchmal spielen wir Krieg mit selbst gebauten Plasteflugzeugträgern, die wir auf dem Teppich hin- und herschieben, als wären die Flusen Wellen in einem Ozean aus Baumwolle. Wir sind noch Kinder, obwohl wir schon im Stimmbruch sind.

Ich sitze dort und erlebe mein erstes richtiges Abenteuer. Ein richtiges, echtes Abenteuer. Ich tauche mit Robert ab in eine Fantasiewelt. Klingt nach Michael-Ende-Kitsch, aber es war wirklich so.

Wir sind pubertär, wissen nicht, wie Deos funktionieren, haben Pickel. Unsere Tage gehen zwischen Videospielen, Kriegsspielen, Kartenspielen und Masturbation dahin. Es ist die beste Zeit meines Lebens. Zumindest sage ich das heute. Damals war es nicht so aufregend, wie es mir in der Rückschau erscheint.

Wir spielen *Magic*. Eltern würden Quartett dazu sagen, aber das trifft die Sache nicht. *Magic: The Gathering* ist ein Rollenspiel, in dem wir duellierende Zauberer sind, die Zaubersprüche, Monster, Artefakte von einem Kartenstapel ziehen und gegeneinander ausspielen lassen. Man startet mit 20 Lebenspunkten, wer als erster bei null ist, hat verloren. Wir spielen bis in die Nacht hinein, und das Perfide an *Magic* ist, dass man sich immer wieder kleine Päckchen neue Karten kaufen muss, für fünf Mark. Robert und ich investieren unser Taschengeld in diese Karten und bekommen dafür nichts, was man im echten Leben braucht. Außer eben Spaß.

»Mein Ritter hat Erstschlag«, sage ich zu Robert. Und Robert kontert, verzaubert seine Kreatur, die nun auch Erstschlag hat. Und besiegt mich. Wir fühlen uns unbeobachtet und liegen so lange auf dem Teppich, bis die Ellbogen rau sind.

Aber mein Vater hört zu, beobachtet uns durch den Tür-rahmen. Eltern pubertierender Kinder sind in ständiger Sorge. Diese Zeit, in der wir von elterlicher Abhängigkeit in eine ungesunde Form von Freiheitsdrang schlittern, ist gefährlich. Sie macht uns empfänglich für dumme Ideen. Komasaufen, Rasen auf der Autobahn, Sprünge von Brücken in zu flache Gewässer – lebensverkürzende Maßnahmen Pubertierender.

Mein Vater ahnte das. Er hatte große Angst, nicht, dass ich Saltos von der Oberbaumbrücke mache, nein, er befürchtete, dass ich ein Neonazi werde. In Berlin waren zu dieser Zeit sehr viele Neonazis auf der Suche nach formbaren Jungen und Mädchen. Ingo Hasselbach, das holocaustleugnende, antisemitische Nazi-Gespenst der frühen Neunziger, lebte um die Ecke. Ingo Hasselbach ist heute ein berühmter Aussteiger. Mein Schulweg führte vorbei an seiner Berlin-Zentrale und vielen Männern, die sich mit drei Fingern in den Himmel grüßten.

Die Wahrscheinlichkeit, dass ich ein Nazi werde, war gering. Ich hing nachmittags bei den jungen Humanisten im Jugendklub ab, um *Magic* zu spielen. Ich hatte nur einen Wunsch: Ich wollte kein Nazi werden, ja nicht mal Humanist, sondern Zauberer.

»Was ist das für ein Spiel?«, wollte mein Vater damals wissen. Ich habe es ihm zu erklären versucht und dabei unangenehm viele englische Wörter benutzt. Ich kann mich an dieses Gespräch noch sehr genau erinnern, der Vater, Bier trinkend und rauchend in der Küche, Robert im Kinderzimmer, ich neben meinem Vater, die Karten vor ihm ausbreitend.

»Der Shivan-Drache kann fliegen, hat Stärke fünf, Verteidigung fünf.«

»Aha.«

»Ein Land, damit wird Mana generiert, damit kann ich neue Monster beschwören.«

»Hm.«

»Das ist nichts Schlimmes.« Offensichtlich ahnte ich, dass mein Vater alldem skeptisch gegenüberstand. »Ist nur ein Spiel.«

»Zeig mal.«

Er blätterte durch die Karten, betrachtete die Bilder von Löwen und Drachen, von Höllentoren und magischen Wäldern.

»Das sieht ja aus wie aus dem *Wachtturm*«, sagte er und meinte damit das Zentralorgan der Zeugen Jehovas. Er hatte recht, die Illustrationen hatten viel von der Ästhetik, die es auch bei den Zeugen oder bei Scientology gibt.

»Quatsch, du hast doch keine Ahnung«, rief ich und verließ erregt die Küche.

Aber es half nichts. Es war eins von drei Malen in meinem Leben, dass mein Vater streng zu mir war. Einmal wünschte ich ihm, dass er ins Tigergehege des Berliner Tierparks fällt, da war ich ungefähr fünf. Er wollte einfach, dass ich mich endlich anziehe, damit er mit mir einkaufen gehen konnte. Er sagte es streng, mehr nicht. Dann »Der *Magic*-Vorfall«. Und noch einmal später, als ich am Abendbrottisch von Kabul erzählte, von der Explosion. Mein Vater sprang wütend auf, der Stuhl machte Lärm. Er warf mir Egoismus vor, dass ich mich, wenn ich dort sterbe, mit dem Leid, das ich durch meinen Leichtsinn hinterlasse, ja nicht mehr auseinandersetzen müsste. So wütend hatte ich ihn noch nie erlebt, und ich habe betreten auf meinen Teller gestarrt und mich aufs Kauen konzentriert, um mich dieser Diskussion nicht stellen zu müssen.

Mein Vater nahm mir meine Karten ab, auch Roberts, und sagte, er wolle sich jetzt erst einmal darüber informieren.

»Das ist doch von einer Sekte«, sagte er streng.

Mein Verhältnis zu Religionen ist ein sehr gestörtes. Ich wuchs in einer Familie auf, die sich vor Generationen schon von jedwedem Glauben gelöst hatte. Religion spielte in meiner Familie keine Rolle außer in der Form, dass sie keine Rolle spielen durfte. Es gibt keinen Glauben bei den Mischkes, auch nicht in der Familie meiner Großmutter. Ich würde uns als atheistische Fundamentalisten bezeichnen, als brutal Nichtgläubige.

Das Judentum kam in unserer Familie nur in Diskussionen vor, der Islam spielte überhaupt keine Rolle. Das Christentum jedoch, das wurde leidenschaftlich verachtet. Meine Großmutter schöpfte ihren Hass als überzeugte Stalinistin aus ihrer politischen Überzeugung, mein Vater als (freundlicher) Sozialist ebenso. Religion sei Verführung der Massen, mehr nicht, so der Konsens, wenn sie zu Weihnachten oder Ostern Gesprächsthema war.

Als derart religionskritische Familie muss man übrigens keineswegs auf religiöse Feiertage verzichten. Weihnachten und Ostern sind bis heute wichtige Feste bei uns. Da wird sich sehr viel Mühe gegeben, christliche Traditionen mit tollen Geschenken vergessen zu machen.

Kirchen haben wir nur von außen betrachtet. Menschen, die echte Protestanten oder Katholiken waren, wurden belacht. Und als ich mit meiner Oma 1996 in Rom im Vatikanstaat war, hat sie mir sehr laut und hörbar für alle erklärt, wie viel Blut an der katholischen Kirche klebt. Damals fand ich das irre cool, heute ist es mir ein bisschen unangenehm.

Mich wundert im Übrigen, dass sich meine Eltern nie davor fürchteten, ich könne ein Satanist werden. Zumindest was die Verachtung alles Kirchlichen betrifft, hatten sie die Weichen dafür selbst gestellt.

Diesen generellen Vibe der Ablehnung, ja Verachtung trug ich sehr lange in mir. Ich habe die Bücher des militanten

Atheisten Richard Dawkins gelesen, habe das Alte und Neue Testament gelesen, habe angefangen, Bücher über Engel, religiöse Erscheinungen, über Sekten zu lesen, vermutlich aus pubertärem Widerstand gegen die Eltern. Ich wollte verstehen, wogegen sie waren, und sie mit meinem Interesse provozieren.

Ich wollte Religion verachten, und am Ende fand ich das Konzept einer Religion einfach spannend. Die Wunder, die Mächte, die Visionen – vieles war wie in meinem Lieblingskartenspiel *Magic,* nur 2000 Jahre älter und genauso ausgedacht.

Mein Vater hat dann einem Sektenbeauftragten der Stadt Berlin mein Kartenspiel gezeigt. Der gab Entwarnung. Danach durften Robert und ich weiterspielen.

Es ist heiß auf dem Hoteldach. Ich lehne mich über das niedrige Geländer und blicke hinab in die Straßen von Qamischli. Die Sonne lässt keinen Raum für Schatten, ich kann mich nirgends vor dem Licht verstecken und rolle mein T-Shirt über die Schultern. »Wenigstens braun werden«, sage ich und nicke Gabi zu. Gabi nickt zurück und trinkt ihren 3-in-1-Kaffee, der weder nach Kaffee noch nach Milch oder Zucker schmeckt, sondern nur nach warmem Wasser.

Ich fühle mich wohl in dieser Stadt im Norden Syriens. Ich fühle mich in dem Land generell sehr wohl und tue mich immer schwer, das so offen zuzugeben. Oft fahren wir große Strecken, das Fenster ist halb geöffnet, warme Luft wie aus einem Föhn strömt an der Scheibe vorbei ins Auto. Wir schwitzen alle, aber das macht nichts. Wir – das Team, ich, unsere Begleiter – sind ruhig.

Ich war in den letzten Jahren sehr oft in Syrien, und jedes Mal fühle ich mich den Menschen dort näher, den Überlebenden dieses Landes.

Ich sitze auf dem Dach in der Sonne und lese. Ich warte. In Syrien muss ich sehr viel warten, vielleicht mag ich dieses Land deswegen so. Im Warten auf etwas staut sich viel Energie auf. Es ist wie während der zweiten Woche der Gesundung nach einer Krankheit; die Viren, die Bakterien haben den Körper verlassen, die Kraft kehrt allmählich zurück.

Der Norden von Syrien, also Kurdistan, fühlt sich an, als wäre es seit Jahren in seiner zweiten Woche. Jeder Straße, jedem Gesicht, jedem Gespräch wohnt ein »Bald wird es besser« inne. Aber dann, doch wieder ein Rückfall.

»Willst du noch einen Kaffee?«, fragt mich Gabi. Ich verneine.

Gabi sollte nicht hier sein, sie hat hier nichts zu suchen. Eine Frau im Mutteralter, die aber bereits Oma ist. Sie ist mitgekommen, weil sie ihren Enkel Lukas sucht, den sie aufgezogen hat wie eine Mutter.

Und wir haben ihn gefunden. In einem Gefängnis. Er ist Enkel, er ist Handballer, er ist Berufsschüler. Und er ist Islamist. Er ist etwas gefolgt, das er Glauben nennt und ich Verblendung. Gabi hat ihn verloren an diesen Glauben.

Gabi hat schön gefärbte Haare. Wenn ich sie beobachte, sehe ich, dass diese Frau stark war. Dass sie Männer unter den Tisch trinken konnte, dass sie ihr nicht einfaches Leben immer erledigt hat. Nicht gelebt. Erledigt. Alles in ihrem Leben ist eine Aufgabe. Sie hatte ein schwieriges Verhältnis zu einer schwierigen Tochter, der Mutter von Lukas. Gabi war da, hat sich gekümmert. Auch hier in Syrien kümmert sie sich, weil sie nicht anders kann.

»Ich werde noch wahnsinnig«, sagt sie und bezieht sich auf das Warten. Unsere Gedanken folgen der Sonne, russische Hubschrauber fliegen so flach über das Dach des Hotels, dass wir es mit der Angst zu tun bekommen. Sie fliegen, weil drei Straßen weiter geschossen wird.

»Ist das in der Nähe?«, will Gabi wissen, und ich sage Ja. Früher, da hätte ich Angst bekommen, ich hätte meine Eltern angerufen und ihnen mit weicher Stimme erzählt, dass geschossen wird. Und meine Mutter hätte geschimpft, und mein Vater wäre traurig geworden, mein Bruder besorgt. Ich hätte jedes Mitglied meiner Familie verunsichert, um selbst mehr Sicherheit zu empfinden. Heute, jetzt, 2021, macht mir das Schießen keine Angst mehr. Wer nicht auf mich anlegt, ist keine Gefahr für mich.

Kurdische Soldaten schlafen auf diesem Dach auf dürren Matratzen, sie liegen im feinen Schatten dieses Tages, haben die Beine angewinkelt wie erschöpfte Säuglinge in der Wiege. Neben ihnen Maschinengewehre, die sauber glänzen.

In Syrien ist vieles kaputt, vieles schmutzig. Die Gewehre, Granaten, Pistolen, die Uniformen sind das Einzige, das an die Sauberkeit von Zivilisation erinnert. Die Straßen, die Dächer, die Dörfer, die Wiesen, ja auch die Gesichter der Menschen sind vom Krieg aufgerissen, sie sind zerstört, explodiert, wurden vergewaltigt, missbraucht, geschändet, vermint, sie sind gefährlich.

Weil Lukas hier war.

Weil Menschen wie Lukas für ihren Glauben nach Syrien gekommen sind und ihn hier verteidigen wollten. Sie haben nichts verteidigt, sie haben nur angegriffen.

Gabi weiß das noch nicht, sie ahnt es nur. Sie raucht in der Sonne, und ich weiß, diese Zigaretten schmecken nicht, weil sie vor Nervosität geraucht werden.

»Soll ich Ihnen einen Kaffee kochen?«, fragt sie auf Deutsch die kurdischen Soldaten, und sie schütteln den Kopf. Sie tragen, obwohl es hier oben dreißig Grad sind, ihr grünes Tuch, das sie als Kurden kennzeichnet, ein Omi-Tuch mit Quasten und Blumenmuster, sie tragen es, zu einer Wurst gerollt, um den Hals.

Gabi kann nicht warten, sie will ihren Enkel sehen.

Der hat in Dortmund in seiner Freizeit Videos gesehen, in denen Prediger predigen. In denen von der einzig wahren Religion gesprochen wird. Lukas trägt keine westliche Kleidung mehr, und Gabi kocht bald nur noch halal. »Schmeckt nicht schlecht«, sagt sie. Sie brät Köfte und macht Salat aus Bulgur. »Ist ja auch gesund«, sagt sie.

Lukas lässt sich einen Bart wachsen, einen fusseligen, zu mehr reicht es noch nicht. Und er geht in Moscheen zu Imamen, die einen Glauben lehren, der keinen anderen Glauben neben sich duldet. Lukas lernt, dass die anderen Ungläubige sind. Menschen wie ich. Lukas hätte mich umbringen lassen, vielleicht hätte er mich selbst umgebracht.

»Nein«, sagt Gabi. »So ist mein Lukas nicht.« Und ich erwidere nichts. Ich gegen den Rest der Welt, das Mantra formbarer Pubertierender. Es war auch mein Mantra.

Sie schlägt die Beine über, steht auf, setzt sich wieder hin. Im Hintergrund die Schüsse, das trockene Peitschen schwerer Maschinengewehre. Ponf, Pause, Ponfponf, Pause. Überraschend nah am Polenböller. Ich erkenne an den Schüssen, welches Gewehr benutzt wird, welche Munition. Dann Explosionen, ein dumpfes Schütteln der Wirklichkeit. Und Lukas hört das alles auch, irgendwo hier in Nordsyrien, im Gefängnis.

Er gegen den Rest der Welt, Rebellion, so wie es sich ein Pubertierender wünscht.

Lukas ist 17, vielleicht 18, als er das erste Mal nach Syrien reist. Mit dem Flugzeug geht es in die Türkei, dann an die Grenze, ein illegaler Übertritt in seine große Freiheit.

Als die Sonne untergeht, habe ich einen Sonnenbrand, habe ein Buch durchgelesen, und wir haben einen Anruf erhalten.

»Gabi«, sage ich, »morgen dürfen wir Lukas sehen.«

Und Gabi beginnt zu weinen, sie reibt nervös mit dem Daumen an ihrem Knie, sie wird still. Ihre Lippen werden schmal, zusammengepresste Linien. Dann schlägt sie mit beiden Händen auf ihre Oberschenkel und sagt: »Jetzt mache ich uns einen Salat.«

Ich stehe am Ende des Universums und blicke hinab in ein Meer aus Sternen. Nein, nicht hinab. Hier an diesem Ort, an dem ich mich unfreiwillig aufhalte, gibt es keine Richtungen mehr, kein Oben, kein Unten, kein Vorwärts oder Rückwärts. Nicht mal die unverständlichste Konstante »Zeit« existiert mehr. Ich habe mich aufgelöst.

Es ist die größte Verzweiflung, die ich je im Leben empfunden habe. Ich sehe mich, als würde ich hinter mir stehen, und gleichzeitig sehe ich, was meine Augen sehen. Ich wage nicht, mich umzudrehen, weil ich nicht weiß, was hinter mir ist, hinter dem Universum. Ich will meinen Blick abwenden, mein Bewusstsein erträgt es nicht, dies alles zu verarbeiten. Wie sollte ich es auch ertragen, das Wissen darüber, das gesamte Universum im Blickfeld zu haben, unendlich viele Planeten, auf denen unendlich viele Leben gleichzeitig stattfinden? Ich empfinde diesen Begriff, Unendlichkeit, als mathematische Wirklichkeit, nicht als Ausdruck kindlicher Übertreibung.

Ich schwebe im Raum, ich bin so groß und gleichzeitig so klein, dass ich dieses Universum ganz erfassen kann. Vorsichtig neige ich meinen Kopf und blicke hinter den Rand unserer Existenz, da ist es schwarz. Mehr ist da nicht. Dieses Schwarz und diese Dunkelheit, diese Kälte, die ich dort, hinter dem Rand des Universums, empfinde, erschüttern mich. Erzeugen ein Beben, das sich spürbar langsam durch jeden einzelnen Nerv meines Körpers bewegt. Ich bin dabei, es passiert nicht einfach. Ich bin dabei, wie sich diese unendliche

Trauer der Einsamkeit am Ende unseres Universums durch meinen Körper bewegt, von Nerv zu Nerv.

Natürlich stehe ich nicht am Ende des Universums, sondern ich liege zugedeckt in Mexiko auf diesem Plateau, meine Augen geschlossen.

Martin wird mir später erzählen, dass ich sehr glücklich aussah, als würde ich tief schlafend irgendwo sein. Dass er mich beobachtet, davon bekomme ich nichts mit, ich bin als Gedanke nicht mehr auf dieser Welt existent, ich bin an einem anderen Ort.

Und während ich heute, jetzt, darüber nachdenke, hasse ich diesen spirituellen Anklang. Ich verachte ihn, weil ich kein spiritueller Mensch bin, nie war, nie sein werde.

Was nicht bedeutet, dass ich Menschen hasse, die sich selbst als spirituelle Wesen verstehen. Die sich mit etwas sinnlich nicht Fassbarem, mit ihrem Gott, ihrer Religion identifizieren. Es ist mir egal, wenn andere so empfinden, ich bewundere es manchmal sogar. Wenn Menschen für ihren Glauben sterben. Wenn Menschen aus diesem Grund getötet werden, bin ich von der Kraft der Opfer wie von der Wut der Täter fasziniert. Bewundere ich, dass sich dieser ideologische Speer so tief in die Sinne der Gläubigen bohrt und sie handeln lässt, im Guten wie im Schlechten.

In meiner Welt gibt es keine Götter, keine Verbindung zu leblosen Objekten wie Kreuzen, Sternen oder Kreisen, keine Empfangsstation für Übersinnliches, meine Welt ist eine Welt der harten Regeln. Ich verehre die Physik, die Mathematik und ihre strikte Ordnung der Dinge.

Unsere Welt, das Universum, in dem wir existieren, ist wie ein Sonett. Diese Gedichtform funktioniert nur unter strenger Beachtung von Regeln. Das mathematische Netz, die physikalischen Prinzipien sind das engmaschige Gewebe unserer Wirklichkeit. Wir können durch dieses Gewebe nicht hindurchsehen, aber wir können verstehen, wie unsere Wirklichkeit gestrickt ist.

Diesem Prinzip habe ich nie widersprochen. Meine Gedanken widmen sich oft dieser Wirklichkeit, das ist meine Meditation in unruhigen Zeiten. Auf diesem staubigen Platz, neben einem gelangweilten Schamanen, wird dieses Netz zum allerersten Mal in meinem Leben durchbrochen, der Faden gezogen, das Gewebe aufgedröselt. Ich bilde mir ein, hindurchblicken zu können.

Und es bereitet mir eine urzeitliche Angst. Es jagt mir einen universellen Schrecken ein. Ich erkenne, dass ich nicht in Somalia auf dem Balkon, nicht in Kabul nach dem verpassten Attentat Angst hatte, nicht, als in Syrien auf mich geschossen wurde. Sondern hier, an diesem sicheren Ort, holt sie mich ein.

Der Keim für die größte Furcht lauert in den biochemischen Verbindungen. Mein Gehirn hat mich ans Ende des Universums transportiert und dort allein zurückgelassen. Es hat mich vergessen.

Und das ist, per Definition, eine spirituelle Erfahrung. Wenn ich wollte, könnte ich sogar von einer göttlichen Erfahrung sprechen. Denn das Ende des Universums ist nur jener Person vorbestimmt, die sich allmächtig nennen kann. Also Gott.

Gabi steht auf einer Wiese mit wildem, schuldigem Weizen. Warum und wie Weizen schuldig sein kann, erkläre ich später noch.

Sie will nicht mehr sprechen, weil sie nun erfahren hat, dass sie ihren Enkel wiedersehen wird. Morgen. Sie steht in dieser Landschaft, die durch ihre Weichheit, durch die baumlose Leere auf einen Menschen wirkt wie das Meer. Und sie blickt dorthin, wo, ohne dass Gabi es weiß, vor zwei Jahren der Weizen verbrannt war, die Erde aufgerissen von Granaten und Sprengfallen. Jetzt hat sich Erde über diese Fallen gelegt, und sie warten auf unachtsame Füße, auf Kinder und Frauen. Der Frieden einer oberflächlichen Heilung, er wirkt auf uns alle hier.

Trotzdem denkt sie an Lukas, in zwanghaften Schleifen. Immer wieder Lukas. Ihren Enkel, der einem religiösen Eifer erlegen ist, den ich seit dieser Reise nach Syrien nur noch ideologischen Eifer nenne. Woran Lukas glaubt, hat nichts mit Religionen zu tun.

Auch ich bin auf die falsche Formulierung reingefallen. Auch ich habe immer von Religion und Islam gesprochen, wenn ich Terrorismus meinte. Ich musste hier sein, um zu lernen, dass es falsch ist.

Die Menschen, die auf dem Berliner Breitscheidplatz zerrieben wurden, die Besucher des Clubs in Paris, die Redaktion von *Charlie Hebdo*, sie wurden nicht durch den Islam ermordet. Es wäre so einfach gewesen, dem Islam die Schuld zu geben. Ich habe es mir einfach gemacht, aber hier habe ich verstanden: Nichts in dieser Welt ist einfach, nichts lässt sich mit kurzen Schlüssen erklären.

Sie, diese Opfer inmitten unserer modernen Welt, wurden von Menschen ermordet, die dachten, sie würden an den Islam glauben. Weil die Mörder »Allahu Akbar«, Gott ist groß, schreien, macht es sie nicht zu Muslimen, nicht zu Gläubigen.

Auch wenn es schwerfällt, das zu akzeptieren, die Mörder wurden um eine Perspektive betrogen. Die Toten sind die Opfer dieses Betrugs. Nach diesen vier Wochen mit Gabi, nach 90 Minuten Interview mit ihrem Enkel, wusste ich es. Ich wusste, jeder von uns, der vom Islam spricht, wenn er IS meint, macht 1,6 Milliarden Menschen zu Tätern. Der Islam ist nicht der Täter.

Lukas G. ist Täter. Pierre Vogel, der salafistische Prediger aus Dortmund, ist Täter, die Frauen, die mit ihren Männern mitgingen, sind Täter, Denis Cuspert (Deso Dogg) ist Täter. Wir müssen aufhören zu pauschalisieren. Eine Religion für Mord verantwortlich zu machen ist falsch.

Die brennenden Kreuze des Ku-Klux-Klan. Die blutigen Hände militanter Buddhisten in Myanmar. Die leeren Augen patriotischer Orthodoxer in der Ukraine, die von toten Russen und einem totalitären Staat träumen. Religion wurde missbraucht, Religion wird missbraucht. Für einen Islamischen Staat in Ägypten, Indonesien auf den Philippinen, in Nigeria, in Mali.

Fragt sich denn niemand, der sagt, der Islam sei schuld, warum vor 20, 30 Jahren Muslimas und Muslime unbeachtete Teile der Gesellschaft waren? Warum sind Menschen, die vor 30 Jahren nur als Nachbarn galten, die zu süße Süßigkeiten verteilten und aus unerklärlichen Gründen Ziegenfleisch einer Bockwurst vorzogen, heute unsere Feinde? Die Angst vor dem Islam entspringt nur der Faulheit, sich mit ihm auseinanderzusetzen. Ein Islamist, der sich in Hinterhofmoscheen radikalisiert hat, lebt innerlich auf einem anderen Stern als das Kind türkischer Einwanderer, das sich an die Regeln des Ramadans hält, aber trotzdem einen Hotdog isst, ohne schlechtes Gewissen.

Es wäre, als würden wir den Ku-Klux-Klan für das Christentum halten. Als würden wir denken, Anders Breivik hätte 77 Menschen im Namen des Katholizismus getötet. Wir müssen unterscheiden lernen. Wenn wir es nicht tun, kostet das Menschenleben. Und damit werden auch wir zu Tätern. Wer pauschalisiert, macht sich schuldig.

Gabi steht dort, es sind 40 Grad, trockene Hitze, als habe man die Tür einer finnischen Sauna offen stehen lassen, aber Gabi schwitzt nicht. Ich lasse sie in Ruhe, und zusammen mit Muhamed, unserem Fahrer, fange ich Skorpione. Er holt eine

Wasserflasche aus dem Auto. Er lacht nie, jetzt zum ersten Mal freuen wir uns beide. Wir suchen die kleinen Löcher im Boden, ich spüre die Sonne in meinem Rücken, gleich ist Sonnenuntergang. Es ist Ramadan. Solange die Sonne scheint, wird gefastet. Kein Wasser, kein Essen, und für unseren Fahrer besonders schlimm: keine Zigaretten.

Für mich ist die Skorpionsuche Ablenkung von Gabis Trauer, die sich mit dem kühlen Abendwind über die unendlichen Felder im Norden Syriens verbreitet.

»Hier«, sagt er und gießt das Loch mit Wasser voll. Und ich, als Amateurentomologe, der sich aber auch für Spinnentiere begeistern kann, beobachte unseren Fahrer, wie er mit seinem Taschenmesser einen handtellergroßen Skorpion fängt, ihm sofort die Schwanzspitze entfernt und ihn mir reicht.

»Nicht den Schwanz«, sage ich noch.

Ich lasse den Skorpion frei, schwarz ist er, mit kleinen braunen Scheren. Ich weiß, je kleiner die Scheren, desto giftiger der Stich. Er läuft mit seinen kleinen Beinchen ins Gras, versteckt sich unter dem Weizen, ein Vogel wird ihn fressen.

Gabi kommt den Hügel herunter, sie hat geweint, die Schminke ist verlaufen. Sie ist schwach.

Ich habe sie vier Wochen lang durch Syrien begleitet. Am Anfang war sie noch voller Energie. Sie war davon überzeugt, dass ihr Lukas auch ihr Lukas ist, der da irgendwie hineingeraten ist. Nach Syrien, zum IS, in dieses kurdische Gefängnis.

Am Anfang, da wollte Gabi ihn einfach mitnehmen. »Das muss doch gehen.«

Am Anfang, da sprach Gabi immer von den Kurden. »Der Kurde hat …«, sagte sie oft.

Jetzt, nach vier Wochen, sagt sie nicht mehr »Der Kurde«, als wäre es der Feind. Sie sagt Jamal. Sie sagt Muhamed zum Fahrer.

An den Taten ihres Enkels hat sie gelernt zu differenzieren.

Sie wartet seit sieben Jahren darauf, ihn zu treffen, und in Syrien, in der Wirklichkeit eines Krieges hat sie gelernt, dass die Welt nicht schwarz und weiß ist, sondern so grau, dass es schwierig wird, Kontraste zu erkennen. Dazu kommt jetzt ihre Aufregung, Lukas treffen zu können. In die Vorfreude mischt sich Angst, einen Mörder zum Enkel zu haben.

Die Sonne geht unter. Muhamed und Gabi teilen sich eine Zigarette. Sie paffen. Und ich bin, wie so oft, neidisch. Syrische Zigaretten scheinen die besten der Welt zu sein. Tief durch den Mund eingeatmet, durch die Nase aus. Ein Nasenloch des Fahrers scheint verstopft, der Rauch kommt kräftiger aus dem anderen.

»Bist du religiös?«, will ich von Muhamed wissen, während wir am Auto stehen. Bevor er antwortet, tippt er auf seine Uhr. Das bedeutet, wir müssen zurück in die Stadt, in der geschossen wird, da ist es sicherer.

»Nein«, sagt er, »aber ich halte mich ans Fasten.«

»Wie wenn ich Weihnachten feiere«, sage ich. Und muss an meine Eltern denken, an meinen Bruder, an die Geschenke, an die Abwesenheit von Jesus. An die Abwesenheit meiner Oma, seit zwei Jahren. An dieses eine Fest im Jahr, an dem wir als Familie eins sind und traditionell am zweiten Feiertag in der Krankenhauscafeteria Kuchen essen, um zu gucken, wer nicht zu Hause feiern durfte.

»Kannst du Muhamed was fragen?«, flüstert Gabi. Ich nicke. »Kannst du ihn fragen, ob er wegen des IS jemanden verloren hat?«

Dieser Sommer mit Robert in Brandenburg. Wir tragen kurze Hosen, masturbieren zu einem raubkopierten 4-h-Porno auf VHS-Kassette, den wir uns abwechselnd ansehen, und spielen jede Nacht *Rock N' Roll Racing* auf dem Super Nintendo. Wir versuchen mit den Brandenburgerinnen auf dem Nachbargrundstück zu flirten. Ich erinnere mich an Smirnoff Ice und daran, dass ich am nächsten Morgen trotzdem keinen Kater hatte. Ich erinnere mich an die mit der Hand gefangenen Fische, über einem Lagerfeuer gebraten, bis sie niemand mehr essen konnte. Die Fünf-Minuten-Terrinen.

Robert und ich sprechen auch über Religion, Robert hat nachmittags noch eine Stunde mehr als ich, weil er Religionsunterricht hat bei Herrn M., einem verhuschten Mann, der mir mit seiner lippenfeuchten Freundlichkeit Angst einjagt. Er bringt Robert Dinge über Samson, Jesus und Gott bei.

»Komm auch mal«, sagt Robert, und ich schüttle den Kopf. Aber im neuen Schuljahr, ich verspreche es Robert, weil wir ja Freunde sind.

Eine Stunde besuche ich. Herr M. teilt eine christliche *Bravo* aus. Mich interessiert die »Liebe, Sex und Zärtlichkeiten«-Seite. Und ich lerne dort, dass Beten gegen Homosexualität hilft. Ich werde wütend. Und Herr M. betont, Beten sei wirklich eine gute Methode gegen homosexuelle Gedanken.

Ich will von ihm wissen, warum ich homosexuelle Gedanken wegbekommen sollte? Und er hat darauf keine Antwort. Er kann mir sagen, warum im christlichen Glauben Homosexualität nicht vorgesehen ist. Aber warum *ich* keine homosexuellen Gedanken haben sollte, das weiß er nicht zu begründen.

Ich will von ihm wissen, warum die Christenlehre im ausgehenden 20. Jahrhundert das noch vermittelt. Er hat keine Antwort.

Es ist der Tag, an dem ich lerne, dass die Weltreligionen keine Antworten mehr haben auf die Fragen der Neuzeit. Das Ich findet keinen Platz bei den großen drei, Islam, Judentum, Christentum. Sie haben die Gruppe in den Mittelpunkt gestellt, die Umsicht, die Nachsicht, das Überleben von mehr als einer Person. Das passt nicht mehr in unsere Gegenwart.

Wir interessieren uns nicht mehr für andere, sondern nur noch für uns selbst.

Wie überlebt mein Volk? Die Thora weiß die Antwort. Wie finden wir den Himmel? Das Neue Testament verrät es. Was ist das Paradies für uns? Der Koran gibt Auskunft.

Aber die Fragen der Neuzeit sind andere. Warum bin ich so einsam? Wieso werde ich nicht gesehen? Warum kann ich nichts verändern? Wie gebe ich meinem Leben einen Wert, wenn ich nur ein kleines Zahnrad in einem global arbeitenden Netzwerk an Unternehmen bin? Wie soll ich lieben? Was soll ich lieben? Und die wichtigste Frage: Wer bin ich?

Die großen Religionen haben das beantwortet: Du bist nichts. Aber in deinem Volk, in deiner Gruppe, in deinem Stamm bist du wichtig. Diese Antwort wollen wir heute nicht mehr hören.

Wir sind nicht mehr ein Wir, wir sind nur noch ein Ich. Und das Ich hat einen Zweck für sich selbst zu erfüllen, nicht mehr für andere. Das haben wir so gelernt, verinnerlicht. Religionen haben ausgedient, Ideologien haben ihren Platz eingenommen, und zu ihnen zähle ich auch extremistische Sekten im Glaubensgewand. Weil sie sich sorgsam um das Ich des Hilfesuchenden kümmern, weil Ideologen erkannt haben: Wenn der Glaubende sich wichtig fühlt, erhaben, wenn er mehr weiß als andere, dann kämpft er für dieses Gefühl, das will er dann nicht mehr aufgeben. Menschen nehmen die Ideologien dankbar an, weil sie Antworten haben und Lösungen anbieten, Versprechen einzulösen scheinen. Lukas erhielt die Möglichkeit, gesehen zu werden, eine Waffe zu halten in einer Welt, die allen Regeln des 21. Jahrhunderts entgegensteht. Damit wurde er geködert. Und sobald der Köder geschluckt ist, schnappt die Falle zu, dann hat das Ich sich wieder in ein Wir einzuordnen, in eine Gruppe. Der große Wunsch, gesehen zu werden, verliert sich in der Aufgabe, für eine Sache zu kämpfen, sie gar mit dem Leben zu bezahlen. Aus dem »Ich gegen die Welt« wird ein »Wir gegen die Jesiden«, »Wir gegen die westliche Welt«. Und, runtergebrochen auf Lukas, ein Kampf »Enkel gegen die Liebe seiner Oma«.

All das wusste ich damals noch nicht. Das habe ich nicht mal gespürt. Ich habe geahnt, dass Religionen nicht mehr zeitgemäß sind, aber ich konnte mir nicht erklären, warum.

In diesem letzten Sommer mit Robert haben wir uns die Fragen beantwortet, die wir uns gegenseitig stellten.

Werden wir schwul sein? Nein. Und wenn, wäre es auch nicht schlimm.

Wann werden wir unseren ersten Sex haben? Irgendwann.

Werden wir für immer Freunde bleiben? Bestimmt.

Werden wir je vergessen, was wir in diesem Sommer erlebt haben? Nein, niemals.

Wird das Leben jedes Jahr besser werden? Diese Frage konnten wir nicht beantworten. Aber heute weiß ich, wer Menschen ein besseres Leben verspricht, der lügt.

Der Fahrer erzählt. Und Gabi weint still, während sie der schwindenden Dämmerung hinterherblickt. Wir haben im Auto die Klimaanlage ausgeschaltet und die Fenster geöffnet, der warme Luftzug riecht nach verbrannten Reifen. Aber es riecht gut.

Der Fahrer hat zwei seiner Brüder verloren. Seine Cousins wurden getötet, Frauen sind in der Familie verschwunden. Er erzählt es ohne Emotionen, es ist einfach passiert. »Aber das Schlimmste ist«, sagt er, steckt sich die fünfte Zigarette an, »wären diese ausländischen Kämpfer nicht gekommen, hätte ich meine Heimat nicht verloren.«

Und dann weint Gabi mit Geräusch. Diese ausländischen Kämpfer, einer davon ist ihr Lukas, der kleine, stille Junge, der hier, als Mann mit AK-47, seinen Hass herausschrie.

Die Antworten auf seine Fragen haben dazu geführt, dass Frauen vergewaltigt und versklavt werden, sie haben Städte einstürzen lassen, haben die Brüder und Cousins unseres Fahrers getötet.

Lukas aber lebte in Raqqa, er hat nichts gesehen. Die Köpfe der Jesiden, abgeschlagen und auf Zäune gepfählt, die Sklavinnen, die nur noch Körper waren – er wird sagen, er habe das nicht mitbekommen. Er war blind im Wahn seiner Funktion. Aber das, was er war, hat nichts mit dem Islam zu tun. Er war ein Zahnrad in einer global arbeitenden Maschine. Die Geld verdient, die Menschen verführt, die Leben kostet. Lukas war einsam zwischen seinen Freunden in Dortmund. In Syrien nicht mehr. In Syrien war er ein Held.

Gabi zittert in dem namenlosen Gefängnis, als sie ihn trifft. Sieben Jahre hat sie ihn nicht gesehen, mehr als zwei Jahre lang hatte sie keinen Kontakt zu ihm. Und sie zerbricht. Ihr Gesicht, das sorglose Gesicht einer Frau, die ein sorgenvolles Leben lebte, fällt in sich zusammen.

Ich sitze ihr gegenüber und schleife ein tiefes Trauma in meine Seele, ich beobachte einen Menschen dabei, wie er innerlich alle Hoffnung fahren lässt. Gabi stirbt, ohne Versprechen auf ein Paradies.

Lukas wird in den Raum geführt. Dürr ist er, er riecht nach Kot, nach altem Heu, sein Overall ist schmutzig, in seinen Achseln große Schweißflecke. Wäre er nackt, würden die Knochen stechen. Er wurde vergessen, zum Sterben freigegeben. Er ist der Müll, den eine Ideologie produziert. Er ist der Abfall, der ausgespuckt wird. Und es schmerzt.

Gabi weiß es, ich weiß es. Nur Lukas, Lukas hat es noch nicht bemerkt.

Gabi weint.

Lukas nicht.

06

Ewigkeit der Dinge, oder:
Wie wir alt werden

Es ist 13 Uhr, als mein Vater im Café ein Glas Weißwein austrinkt. Von draußen kann ich ihn durch die Scheibe sehen: die Beine übergeschlagen, der Blick aus dem Fenster gerichtet, auf dem Tisch ein Buch. Die Linden blühen, ich vermeide, durch die Nase einzuatmen, sie verkleben nicht nur den Bürgersteig, sondern auch den Geruchssinn. Der Vater sitzt einfach da, seine schmalen Lippen zusammengekniffen, und denkt. Er spricht nicht mit den Tischnachbarn, unterhält die Kellnerinnen und Kellner nicht mit seinem Wissen über die Tatsachen des Lebens, die nur ihn interessieren. Er ist still.

Normalerweise sitzt er aufrecht, wenn er denkt. Jetzt wirkt er klein und in sich zusammengefallen. Üblicherweise lächelt er, wenn er mich sieht, nimmt die Brille ab, steht auf, weist mir meinen Platz, weil es höflich ist.

Jetzt sieht er mich, legt die Finger zwischen die Augen und reibt sie, als müsse er sich selbst wecken. Er bleibt unbeweglich, steinern, seine Lippen noch schmaler. Nur seine Hand weist mich wie gewohnt zu einem Stuhl ihm gegenüber.

Wenn wir uns treffen, beginnt er oft sofort zu reden. Erzählt von seinen ganz privaten Eingebungen im Ton tiefster Welterkenntnis. Er teilt immer seine Gedanken. Das habe ich von ihm.

Heute denkt er einfach weiter, obwohl ich bereits vor ihm Platz genommen habe, seinen Handrücken bestreichle, damit er merkt, ich bin da. Aber er denkt weiter. Und er lässt sich weiter bestreicheln. Seine Haut samtig wie der Po eines Lindenschwärmers, seine Finger warm wie satte Raupen.

Von ihm habe ich gelernt, die eigenen Gedanken ins Zentrum des Lebens zu stellen. Nicht mein Handeln beeinflusst, was draußen passiert, sondern das Draußen beeinflusst das Innen, das Denken. Es geht nicht darum, Einfluss zu nehmen, sondern zu verstehen, wie die Welt einen beeinflusst. Das hat er nie so gesagt, aber das habe ich ihm abgelesen, weil ich ihn seit 40 Jahren beobachte. Mein Vater als Student, mein Vater nach dem Mauerfall. Immer sehe ich hin, und immer versuche ich ihn zu imitieren oder mir die Anerkennung zu holen, die Söhne von ihren Vätern haben wollen. Er ist ein guter Vater, ein sehr guter, natürlich mit Makeln, aber Eltern sind keine Handbücher der Weltweisheit. Eltern haben Fehler, und wie in der DNA eines Menschen vererben sich diese Fehler gnadenlos weiter.

Es ist lohnend, sich seinen Gedanken zu widmen. Mit ihnen zu debattieren, mit der eigenen Stimme im Kopf wie mit einem Gegenüber.

Meine hat oft die Stimme meines Vaters.

Diese Stimme im Kopf ist die Summe aller Erfahrungen, die wir im Leben bislang gesammelt haben, und sie gibt uns Ratschläge. Diese Innenstimme wird schlauer, gewandter und besser, je älter wir werden. Wenn wir bereit sind, auf sie zu hören.

Wenn wir Kinder sind, dann sagt uns diese Stimme, dass wir die Vogelbeeren lieber nicht essen sollten, auch wenn sie köstlich rot am Baum hängen. Auch wenn andere Kinder sich das trauen – ich sollte es lieber sein lassen.

Wenn wir Jugendliche sind, dann sagt uns die Stimme, dass dieses Leben nun wirklich keinen Sinn mehr hat, dass wir Lieben mit Verzweifeln verwechseln sollen.

Wenn wir junge Erwachsene sind, glauben wir ihr, wenn sie sagt, die Welt wäre genauso unzerstörbar wie wir selbst.

Und ich weiß nur, was wir denken, wenn wir Erwachsene sind, weiter bin ich noch nicht, denn nach erwachsen sein kommt einfach nur alt. Ich weiß, meine innere Stimme sagt mir beständig: So ist das Leben.

Während ich mit Mitte 20 noch an die Einzigartigkeit und Ewigkeit der Dinge geglaubt habe, flüstert die Kopfstimme nun von der Gleichzeitigkeit der Dinge. Ich lerne, das Verschwinden zu verstehen.

Menschen, die mich lange nicht gesehen haben, sagen, im Vergleich zu früher sei ich viel ruhiger geworden. Nicht ich bin ruhiger geworden, die Stimme in meinem Kopf ist ruhiger geworden. Oft sitze ich mit halb offenem Mund und denke.

Als ich aber meinen Vater beobachte – wir sind, als er noch berufstätig war, nicht selten in diesem Café verabredet gewesen –, fällt mir auf: Heute stimmt etwas nicht.

Er hebt die Hand und mit der anderen das Weinglas, dann zeigt er auf das leere Glas. »Noch eins«, sagt er und lächelt, aber eigentlich lächelt er nicht. Er leidet.

»Was ist los?«, will ich von ihm wissen. Und mein Vater, niemals scheu zu erzählen, wie er sich fühlt, sagt mit feuchten Augen und großer Pause, er sagt, er atmet es, er flüstert:

»Ich habe Angst vor dem Tod.«

Das neue Glas Wein wird auf den Tisch gestellt, und er nippt. Ich kenne mich mit Wein nicht aus, weiß aber, dass es kein guter ist. Ich habe in meinem Leben viele Menschen getroffen, die mit Alkohol die Angst vor dem Ende löschen. Wie ein Bergwerksfeuer glimmt sie in den Menschen. Diese Angst vorm Altwerden, davor, gebrechlich zu sein, nicht mehr gebraucht zu werden. Sie lodert.

Das Leben ist wie ein Bergwerk, wir bauen darin ab, holen

die Kohle aus den Tiefen unserer menschlichen Substanz, wandeln sie in Energie und nennen das, was wir mit ihr erzeugen, Karriere, Familie, Glück.

In seinem Bergwerk hat mein Vater lange nach den richtigen Adern gesucht. In seinem kleinen, schönen Leben sind so viele Dinge geschehen, die ich nicht verstehe, die ich mir nur erzählen lassen kann. Um zu schauen, ob die Werkzeuge seines Bergbaus für mein eigenes Leben taugen.

Er nimmt einen zweiten Schluck.

»Warum hast du denn Angst vor dem Tod?«, frage ich ihn erstaunt.

Als wir dieses Gespräch führen, ist mein Vater Anfang 60, hat mit dem Rauchen bereits aufgehört und isst öfter Radieschen als Mortadella.

Er freut sich, dass ich frage, und nimmt ein Buch über Bestattungsrituale im alten Ägypten aus seiner Tasche. Gehirn durch die Nase und so weiter. Er blättert durch die Seiten und zeigt mir die Tongefäße neben den Gräbern, in denen die Einzelteile eines Menschen gelagert werden. Leber, Herz, Niere. Er atmet schwer dabei aus.

»Ist das das Leben?«, fragt er mich. »Irgendwann ausgeweidet in einer Pyramide liegen?« Und ich habe nun wirklich keine Antwort auf diese Frage.

Ich bin zu diesem Zeitpunkt Anfang 30. Mein Leben beginnt, und ich halte mich und die Welt für unzerstörbar, ich betreibe Raubbau in meinem Bergwerk und verbrenne wirklich alle Kohlen, die ich finden kann.

Das salzige Wasser schlägt mir ins Gesicht, ich klammere mich an das Equipment von Kameramann Flo und Michael Terhorst, dem anderen Michael. Ein Boot hat uns im formlosen Schatten der Nacht abgeholt. Wir dürfen nicht gesehen werden, weil illegal ist, was wir vorhaben. Deswegen ist die

Stimmung im Boot angespannt. In den nächsten sechs Tagen werden wir, völlig auf uns allein gestellt, auf einer Flüchtlingsroute durch den Wald gehen. Durch Urwald.

»Haltet euch gut fest«, ruft der Steuermann. »Haltet die Kameras fest«, schreit er und fährt in die Wellen. Das Boot springt, jede einzelne Bandscheibe erledigt ihre Aufgabe, wenn das Boot auf dem unruhigen Pazifik aufschlägt. Flo und Michael halten ihre Kameras wie Kleinkinder fest. Sie tun das, weil viele der Flüchtlinge, die genau mit diesen Booten fahren, ihre Babys im Meer verlieren. Die Wellen verschlucken die Kinder augenblicklich, die einzigen, die schreien, sind die Mütter. Der Kapitän dieses kleinen Schiffes hat es uns erzählt. Deswegen denken wir auch an kleine Kinder, als wir die Kameras mit unseren Körpern vor Wasser schützen. 20 000 Euro kostet eine dieser Kameras.

Was kostet ein Kind?

Es ist früher Abend, wir bereiten uns auf das größte Abenteuer meines Lebens vor. Ich sage das, obwohl ich weiß, dass Menschen hier sterben. Das Abenteuer gleich neben dem Tod, dem Verderben. Es beginnt in einem kleinen Dorf nahe des Darien Gap.

Ein unwegsamer Urwald, ein Schlund, der alles verschluckt, was in ihn geht oder fällt. Seit fast sieben Jahren träume ich davon, ihn zu bereisen, einen Text darüber zu schreiben, einen Film dazu zu machen. Es ist einer dieser letzten weißen Flecken auf unserer Erde, echter Urwald, unbewohnt, eine grüne Grenze zwischen Panama und Kolumbien. Und es ist gefährlich, für die Drogenschmuggler, die Indigenen, die Flüchtlinge und natürlich auch für uns. Der ständige Nebel in diesem zimmerfeuchten Wald ist ein Nebel der Angst vor dem Tod.

Das weltweit geltende Privileg, ein Weißer, ein Deutscher zu sein, ist hier nichts wert. Wenn ich stürze, stürze ich. Wenn ein verängstigter Schlepper mich im Affekt erschießt, hat er nicht vorher nach meinem Pass gefragt. Dieser Ort ist so ultimativ lebensfeindlich, weil er im Gegensatz zur Natur die Menschen nicht nur frisst, sondern auch Waffengewalt kennt. Die Schönheit des Waldes und das potenziell nahe Ende jeder Existenz greifen so dicht ineinander, dass es kaum auszuhalten ist.

Ein kleines Dorf von zarter Schönheit am Strand. Die Sonne ist weg, junge Männer helfen uns beim Ausladen: Equipment, Zelte, Hängematten, Essen für sechs Tage. Diese Männer werden uns durch den Wald begleiten. Im blauen Licht der langen Nächte am Äquator beobachte ich ihre Gesichter und kann nichts darin lesen. Wir sind still. Sie werfen die Rucksäcke aus dem Boot, Kisten mit technischem Zubehör, die Kameras reichen sie vorsichtig heraus.

Und zum ersten Mal sehe ich dieses Dorf mit seinen Strohhütten, die festgetretenen Wege zwischen den kleinen Häusern. Sehe Kinder, die mit Schnüren an den Beinen und Armen ihre Zugehörigkeit zu den Menschen zeigen, die seit jeher hier leben. Menschen, die nicht vor 600 Jahren von Spaniern, Holländern, Engländern erstochen, vergiftet oder krank gemacht wurden. Die Feldzüge der Europäer sind an ihnen vorbeigegangen. Und sie sind stolz darauf. Wäre ich auch. Aber ich kann mich als Europäer nur schämen, wenn ich das hier sehe. Wenn ich die Unveränderlichkeit des Lebens einatme, mit jedem Blick.

Jeder Blick hier ist atmen. Die Gegenwart wird hier zu Erinnerungen.

Die Zeit in diesem Dorf ist stehen geblieben. Wie in den Nestern, die ich durch das Autofenster in Afghanistan sehe, spielt die Moderne keine Rolle. Es könnte 1450 sein oder 1950 oder 2050. Diese Menschen sehen immer gleich aus, die Moderne hat sie ausgespart. Diese Siedlungen sind wie die

Schildkröten, die hier in Kolumbien ihre Eier in den Sand legen, so lahm, dass die Evolution sie einfach vergessen hat.

Nur manchmal erinnert etwas an die Neuzeit, eine alte CD als Fliegenfänger, eine Kopflampe oder Popmusik aus einem Handy. Kleine Insignien der Gegenwart, leicht zu ignorieren.

Hühner rennen, getrocknete Gürteltiere hängen, Maniok wird angebaut, riesige Bananen, die meine Zähne stumpf werden lassen, wenn ich sie roh esse. Was die Wirklichkeit der Menschen hier ist, strahlt eine erschütternde Ruhe auf mich aus.

»Ich bin angekommen«, denke ich und baue mir in Gedanken schon meine Altersresidenz in diese Dörfchen. Sehe mich alt und ausgemergelt hier sitzen, sehe mich lesend auf einer Veranda und ein bisschen Globalisierung herschleppen. Und ich vergesse bei dieser Schönheit, was hier passiert. Jedes Jahr kommen durch genau dieses Dorf als erste Etappe des Darien Gap mehrere Tausend Flüchtlinge.

Das Oberhaupt der Siedlung, ein Mann, der Nacho heißt, begrüßt uns. Er lädt uns in sein Haus ein, bietet uns Zitronengrastee an, und wir sprechen über die Details der nächsten Tage. Mücken landen in meinem Nacken. Nacho nimmt einen Kugelschreiber, schiebt ihn zwischen die Zähne und rechnet. »Vier Journalisten, wir brauchen zehn Guides«, sagt er.

»Schaffen wir das?«, frage ich ihn und meine mit dieser Frage alles: ankommen, unserem Auftrag nachkommen, überleben.

Er zuckt mit den Schultern. »Bestimmt«, sagt er.

»Was kann schlimmstenfalls passieren?«, frage ich ihn.

Bevor er antwortet, lacht er laut. »Alles«, sagt er. Und erklärt dann ausführlich, wie wir sterben können. Dass wir einen Großteil der sechs Tage damit verbringen werden, durch steinige Flussbetten zu laufen, wobei man schnell umknicken kann. Wir werden auf Drogentransporteure treffen, die in ihren Rucksäcken Kokain transportieren, damit wir in Berlin gute Gespräche führen. »Die schießen sofort«, sagt Nacho. Er erzählt mir von giftigen Schlangen und davon, dass Panama das Land der Schlangenbisse schlechthin sei. Besonders vor einer Schlange warnt er mich, sie ist braun und lang. »Sie haut nicht ab, wenn sie dich hört, sondern kriecht auf dich zu und beißt sofort.« Ich solle aufpassen, wenn ich nachts pinkeln gehe, ihr Gift sei tödlich.

Nach jeder Warnung vor Lebensgefahr nicke ich nur und sage: »Aha.«

Nacho rechnet weiter, wir kommen am Ende auf 2500 Dollar für die ganze Reise. Was ich erstaunlich günstig finde, immerhin sind über zehn Menschen für mehr als zehn Tage beschäftigt. Zehn Guides, vier Journalisten – Michael, Florian, unser kolumbianischer Kollege Carlos und ich.

»Wann geht es los?«, will ich abschließend wissen.

»Morgen früh um acht«, sagt Nacho.

Es ist die letzte Nacht in Zivilisation, die hier ganz anders ist als zu Hause. Aber Zivilisation ist es doch.

Ich wasche meine Wäsche in einem Fluss, der wenige Meter weiter in den Pazifik mündet. Wasserschildkröten legen Eier. Kinder spielen, Frauen werfen mir mit spitzen Lippen kleine Küsschen zu. Ich weiß nicht, was es bedeutet.

Nacho hilft mir und sortiert all meine Tarnfleckenkleidung aus. In Berlin dachte ich, es sei cool, mit solchen Sachen in den Wald zu gehen, aber es ist lebensgefährlich. »Wenn die dich darin sehen, denken die Schmuggler, du bist Militär«, was bedeutet, dass sie sofort auf mich schießen würden. »Du brauchst auch nicht so viel Kleidung«, sagt Nacho. Dann zeigt er auf ein Longsleeve und eine Abenteuerhose. Ich würde das jeden Tag anziehen, abends im Fluss waschen, am nächsten Tag wieder rein in die klamme Kleidung.

Nur trockene Socken für die Nacht seien wichtig, sagt er und erzählt mir vom Darien-Pilz, einem Fußpilz, der durch die ständige Feuchtigkeit entsteht. »Erst wird der Fuß schwarz, dann das ganze Bein, dann kannst du nicht mehr laufen. Sehr unpraktisch im Wald«, erklärt er mir und zeigt mir an seinen Füßen, wie man sich richtig die Zehen trocknet. Er erzählt sie mir, all diese grausamen Dinge, am schönsten Ort, den ich je in meinem Leben gesehen habe.

Dieses kleine Dorf am Fluss aus dem Urwald, der sich direkt hinter den Strohhütten wie eine Gewitterwolke aufbaut. Ich weiß durch meine Recherchen von den vielen Flüchtlingen hier. Sie kommen aus Ghana, Pakistan, Nepal, aus dem Senegal. Von überall aus der Welt kommen sie in diesen schmalen Dschungelabschnitt und wollen nach Norden. Sie wollen in die USA, ins gelobte Land. Und ich will sie dabei begleiten.

Die meisten kommen über Brasilien, das Land hat kaum Einreisebeschränkungen, jeder kann ohne Visum einreisen. Die Männer, Frauen und Kinder arbeiten sich nach oben voran, durch Kolumbien, Panama, weiter nach Guatemala, Mexiko. Solch eine Reise dauert mehrere Jahre, die Männer arbeiten illegal auf den Feldern, die Frauen in Bordellen, die Kinder in Fabriken. Sie pflücken Bananen, Kaffee, Kakao.

Es sind unsere Bananen, unser Kaffee und unsere Schokolade. Sie fliehen aus ihren Ländern wegen unserer Waffen, wegen der großen Gier, des unstillbaren Hungers der Ersten Welt. Und sie erarbeiten sich die Flucht aus ihren zerstörten Ländern, indem sie als Sklaven ihre Körper und Genitalien verkaufen.

Es ist eine gefährliche Reise, viele Kinder, Frauen und Männer sterben. Aber hier, im Darien Gap, sterben die meisten. Als Erstes die Kleinsten, die Säuglinge, dann die Männer und ganz zum Schluss die Frauen. Der Wald ist voller Schlafsäcke mit Leichen drin. Nacho warnt mich, diese Schlafsäcke nicht anzufassen.

Und obwohl ich das weiß, obwohl dieser Ort blutig ist, schmutzig, ist es so schön hier, so harmonisch. Nacho packt im Licht der untergehenden Sonne meinen Arm, um mich vom Wasser wegzuziehen. Er zeigt auf Spuren im Sand. Alligatoren. Hier wirst du entweder vom Wald gefressen oder von den Träumen, die dich hergebracht haben.

»Lass uns essen, die nächsten Tage werden anstrengend«, sagt Nacho, während er meinen Abenteuerschlüpfer auf eine Leine hängt. Auf dem Rückweg zu seinem Haus hält er sich an meinem Arm fest, das macht man hier so.

Ich beobachte meinen Vater beim Älterwerden, und es macht mir keine Angst. Es gehört zu den schwierigen Aufgaben der Töchter und Söhne, daran teilzunehmen. Sie sehen uns groß werden, wir sehen sie klein werden.

Neben ihm ist meine Mutter aufgrund ihrer unendlichen Energie eine alterslose Person. Selbst wenn sie erschöpft ist, hat sie mehr Energie als die meisten Menschen, die ich kenne. Von ihr habe ich die geistige Überlebensstrategie geerbt, immer mit etwas beschäftigt zu sein, um sich nicht mit sich selbst beschäftigen zu müssen. Das hält sie jung und so wild. Menschen, die meine Mutter aus der Nähe kennen, sind oft geschafft von ihrem großen Tempo, aber wer ihr so nah ist wie mein Bruder, mein Vater, meine Oma, weiß, dass da sehr viel Furcht vor der Stille im Spiel ist. Denn wenn es draußen im Leben ruhig ist, dann wird die Kopfstimme lauter, lärmt. Und ich weiß, dass ihre Kopfstimme das Gleiche wie meine sagt. »Du reichst nicht aus.« Sie wispert, ständig mehr zu leisten, mehr zu sein, mehr zu machen, größere Risiken einzugehen. Erfolg, Geld, Liebe, Aufmerksamkeit. Von allem zu viel will diese innere Stimme. Und das macht krank.

Mein Vater und ich sitzen wieder im selben Café, es ist 2019, ich bin älter, und die Welt ist auch für mich keine unzerstörbare mehr. Zu viele Reisen, zu viele Erlebnisse der letzten Jahre haben mich zu dem Gedanken geführt, dass unser Leben eigentlich dem der Birken entspricht. Es sind Pionierbäume, die gut auf Ruinen wachsen können.

Mein Vater ist jetzt Rentner und sein Gesicht nur noch eine Maske, sein ganzer Körper eine feine Spindel, er ist dürr geworden. Es ist, als würde er auch körperlich einem Rentner entsprechen wollen. Dabei ist er mit seinen 66 Jahren doch noch jung.

Als ich ihn sehe, denke ich an die Rentner in Westdeutschland. Sie sind für mich der Inbegriff des gesunden Alterns. Sie tragen graue Bärte und dünne Daunenjacken, farbige Jeans und Schuhe, die nach Sneakern aussehen sollen, aber einfach nur teure Schuhe sind. Die Frauen sehen genauso aus, nur ohne Bart. Sie haben ordentliche Fingernägel und glatte Haut, ihre Gesichter sind gesund, ihre Zähne weiß und gerade. Sie lachen viel und schämen sich nicht, alt zu sein. Sie wirken glücklich.

Mein Vater hingegen hat Stoppeln am Kinn, sein Rücken ist rund, sein Kopf tief gesenkt. Die Wangen hängen herab, seine Mundwinkel bilden einen Brückenbogen. »O Gott, o Gott«, denke ich, als ich ihn dabei beobachte, wie er sich fast unsichtbar macht, unhörbar wie in einem schalltoten Raum. In der unerträglichen Stille des Alls.

»Dein Vater stirbt«, sagt meine Mutter, als ich sie einmal in der Buchhandlung besuche. »Er wird immer kleiner neben mir. Er verschwindet.« Und dann weint sie, so sehr, dass sie sich dabei schüttelt. »Er ist im Café«, sagt sie und zeigt die Frankfurter Allee hinunter Richtung Alexanderplatz. Als ob ich nicht wüsste, wo er sitzt.

In diesem Moment werde ich zum ersten Mal streng. In

der Buchhandlung meiner Mutter, die vor mir weint, die in dieser Situation keine Mutter ist, sondern die Ehefrau meines Vaters.

»Quatsch«, sage ich laut und bestimmt. »Vater stirbt nicht. Das würde ich wissen.« Und dann lüge ich weiter. Beruhige meine Mutter. Beruhige mich und renne los. Laufe zügig die knapp zwei Kilometer von der Buchhandlung zu diesem Café, in dem mein Vater sitzt und angeblich verschwindet.

Ich sehe ihn in der Ecke sitzen, kein Weißwein, sondern eine Apfelschorle vor sich. Als er mich sieht, steht er auf. Ich nehme ihn in den Arm und streichle seine Hand, ich halte sie fest und muss nun auch weinen.

Er ist krank. Ich sehe, wie krank er ist. Ich sehe, wie diese Krankheit an ihm zehrt, ihm alles nimmt, was er ist. »Vater«, sage ich und lege meinen Kopf in seine Armbeuge. »Wir kriegen das hin«, sage ich.

Und dann schüttelt es auch ihn, und ich sehe, wie er kindesgleich die trockene Lippe einzieht, seine Augen nass werden. Ich sehe, wie er vor mir zerbricht. Er zerfällt in Scherben, vor meinen Augen.

Dieses Leben ist zusammengebrochen, in den ersten Momenten der Ruhe, die er hatte. Ich will die Scherben auflesen, um daraus ein Mosaik zu gestalten.

Mein Vater war 36, als die Mauer fiel, und damit fiel auch sein Leben. Er ist kein Sozialist, kein überzeugter Kommunist, er ist Sozialdemokrat. Aber mein Vater ist ein Mensch, der im Kapitalismus keinen Platz gefunden hat. Überhaupt keinen Platz hat. Er hat niemals gelernt, sich seine Nische zu suchen, in der er sich einbilden kann, gebraucht zu werden. (Ich, der ich im Kapitalismus groß geworden bin, habe schon früh verstanden, dass niemand braucht, was ich mache.) Er befand sich in der ewigen Lauerstellung, dass ihm jemand sagt, was er zu tun hat. Diese Rolle hat erst ein Staat übernommen, dann meine Mutter.

Er, der in seiner Freizeit Fehler in Jules-Verne-Büchern sucht, der Theodor Fontane in Brandenburg nachwandert und zum Leidwesen der Familie auch nachkocht, er ist immer ein feingeistiger Mensch gewesen, der sich an der Vergangenheit entlanggehangelt hat, um die Gegenwart zu überstehen. Für meinen Vater ist im Früher alles besser, nicht weil die Welt von heute so laut, so anstrengend ist, sondern im Früher ist alles besser für ihn, weil die heutige Welt meinem Vater keinen Raum gibt. Er existiert hier einfach nicht.

Der Kulturwissenschaftler, der Literaturwissenschaftler, der Mann, der Dinge weiß, die niemand braucht, der Mann, der ausdauernd und aufrecht am Küchentisch sitzt und entweder *Star Wars* guckt oder Thomas Mann liest. Der niemals von Popkultur sprechen würde, weil alles Kultur für ihn sein kann. Der sich aufgeregt Dwayne »The Rock« Johnson als Schauspieler in einem Brecht-Stück vorstellt. Der Mann, der lieber Matchboxautos sammelt, als ein echtes Auto zu fahren, der Angst vor dem Fremden hat, er ist nun endgültig zerbrochen. Und die Scherben, die er zurücklässt, sind nicht einmal scharf. Ich kann mich nicht an ihnen schneiden, ich kann sie nur in meine Hand nehmen und sie verschließen.

Die Gesellschaft hat ihn ausgewürgt wie eine Schlange auf der Flucht hastig zuvor verspeiste Vogeleier. Und was bleibt? Zwangsstörungen und eine Depression. Und was rät ihm diese Gesellschaft? Nun hab dich doch nicht so.

Doch das wusste ich nicht, als ich weinend in seiner Armbeuge lag und er seinen Kopf an meine Schulter lehnte. An diesem Tag saßen wir wie zwei schlafende Schwäne auf einem Teich, ohne Angst, dass uns etwas erfasst.

Ich dachte damals, mein Vater stirbt, weil ein Krebsgeschwür in seinem Körper wächst, weil der Diabetes erst seine

Füße, dann sein Leben frisst. Ich dachte, er stirbt, weil er alt ist. Aber mein Vater verschwindet, weil er depressiv ist. Sein Körper ist kerngesund, seine Seele ist nicht zu erkennen. Weil er alt ist.

Der Urwald ist ein stiller Ort. Unsere romantische Vorstellung von Urwäldern ist vollkommen falsch. Es sind dunkle, kühle Orte, wie Grabkammern der Natur. Alles, was hier Lärm macht, wird gefressen. Manchmal höre ich einen Vogel, manchmal höre ich Michael oder Florian rufen, aber jeder von uns ist schweigsam und versucht nicht zu stolpern. Wir laufen einer Gruppe von Indigenen hinterher. Vorn die jungen, ganz hinten ein alter Mann. Er ist genauso alt wie mein Vater, Mitte 60. Er hat immer rote Wangen, kaum Zähne, und er trägt eine Kiste, die wenigstens 30 Kilo wiegt. Eine Kiste voller Batterien für unsere Kameras, für die Drohne, für meine E-Zigaretten. Manchmal läuft er langsamer, holt uns aber immer wieder ein.

Wenn ich mich an einem Baum festhalten will, weil ich auszurutschen drohe, ruft er auf Spanisch eine Warnung: »Da nicht«, sagt er. Dann springt er auf mich zu und fasst mir an den Po oder die Träger meines Rucksacks, damit ich nicht falle. Aurelio heißt er, und Aurelio und ich werden sofort Freunde. Wir verstehen einander, obwohl ich kein Spanisch spreche und er kein Deutsch.

Schon früh habe ich ihm meine Leidenschaft für Insekten offenbart, und von diesem Moment an zeigt er mir alles, was er findet. Tausendfüßler, Hundertfüßler, Falter und Käfer. Riesige Larven und Spinnen. Die natürlich nicht zu den Insekten gehören, aber hier im Wald ist die biologische Genauigkeit egal. Irgendwann fängt Aurelio Fische mit den Händen und zeigt sie mir. Er zeigt mir Affen, Tukane und Pflanzen. Erklärt sie mir auf Spanisch, und wenn ich etwas anfassen will, warnt er mich vor den Nesseln, dem Gift, den Zähnen und Stacheln. Als er mir eine haarige Raupe in die Hand legt, imitiert er jucken. Und dann muss ich mich jucken, dafür lacht Aurelio ein zahnloses, rotwangiges Lachen.

»Halt!«, ruft Carlos laut von vorne. Er ist der kolumbianische Journalist, der uns hilft, hier durchzukommen. Er hat die Route schon zweimal zurückgelegt, für einen Fotoband. »Andere Strecke, gleicher Wald«, sagt er. Er ist 50 und trägt in seinem Rucksack ein Paar Schuhe und wenigstens ein Kilogramm getrocknete Kokablätter.

Wir knien uns hin, wie wir es aus Kriegsfilmen kennen, unsere indigenen Freunde verschwinden im Wald, Aurelio lässt sich fallen. Wir sehen einen Mann, dürr, vielleicht Anfang 20, rotes T-Shirt, Turnschuhe, ein Adidas-Rucksack und kurze Hosen. Seine Beine sind zerstochen, sein Gesicht geschwollen, die Haut an seinen Händen ist riffelig, als hätte er gebadet. Er irrt umher, atmet schwer.

»Wie weit bis Panama-City?«, fragt er uns. Und ich sehe ihn erstaunt an. Wir sind seit einem Tag unterwegs, vielleicht zehn Kilometer von der Grenze nach Panama entfernt. »Ungefähr 1000 Kilometer«, sage ich.

»Nein«, sagt der Mann.

»Doch«, sage ich. Und Carlos flüstert mir zu: »Er hat sich verirrt, er läuft im Kreis.«

Dieser Wald lässt die Menschen im Kreis laufen, bis sie sterben.

»Komm mit uns«, sage ich, und Aurelio findet das nicht gut. Wenn wir ihn mitnehmen, machen wir uns zu Schleppern. Mir ist das egal.

Ich weiß nicht, wie dieser Mann heißt. Er hat uns 24 Stunden begleitet. Abends habe ich für ihn gekocht, er wollte nicht essen, ich habe ihm Wasser gegeben und erfolglos meine Hängematte angeboten.

Er erzählt mir, dass er aus Haiti ist. Dass seine Mutter krank ist. Er will in die USA, um zu arbeiten, damit er sie versorgen kann. Er will Dollar schicken, für Medikamente. Aber dieser Mann, dessen Namen ich nicht weiß, ist ebenso krank. Ich bitte ihn, seinen Mund zu öffnen, jeder seiner Backenzähne ist vereitert.

»Hm«, sage ich und öffne mein Erste-Hilfe-Set. Ich gebe ihm Ibuprofen und Antibiotika, er schluckt die Tabletten sofort und trinkt. Dann legt er sich auf seine Bananenblätter, die er neben dem Feuer als Isomatte ausgebreitet hat, und schläft sofort ein.

Er ist alleine in diesem Wald, ohne Karte, ohne Handy, er geht einfach geradeaus. Mit vier entzündeten Zahnwurzeln. Er musste los, weg aus seinem Land, geführt von korrupten Politikern, zerstört von einem Erdbeben.

Die ständige Hitze von 34 Grad und die hohe Luftfeuchtigkeit lassen Bakterien im Körper sprießen. Ich wusste das, weil ich schon oft in den Urwäldern dieser Welt unterwegs war, weil Urwälder die für mich beeindruckendste Landschaft darstellen.

Meine Hängematte, die 650 Euro kostet, lässt mich schlafen, als wäre ich im Hotel. Meine Isomatte, 250 Euro. Der Rucksack, 400 Euro. Als ich mein Nachtlager einrichte, muss ich an jeden einzelnen Preis denken, den ich für meine Ausrüstung bezahlt habe. Alles zusammen ergibt eine Summe, die der Mann in Haiti nie verdienen würde. Und ich gebe sie aus für Komfort im Wald.

Ich schäme mich deswegen nicht. Ich schlafe gut. Aber wir stehen in keinem Wettbewerb. Ich bin privilegiert. Es ist kein Wettbewerb, wenn ich privilegiert bin.

Der Mann aus Haiti isst nichts zum Frühstück, ich gebe ihm mehr Ibuprofen und mehr Antibiotika und lasse mir noch mal seine Zähne zeigen. Das Zahnfleisch ist geschwollen und blutrot, die Backenzähne dunkel und faulig. Ich streichle vorsichtig seine Schulter, und der Mann aus Haiti zuckt zusammen und weint.

»Es tut so weh«, sagt er.

»Ich weiß«, sage ich. Und lüge ihn an. Ich habe keine Ahnung, wie sehr ein Zahn schmerzt in einem Urwald, in dem man sich verlaufen hat.

Er folgt uns am nächsten Tag, läuft hinter uns her, egal, wie anstrengend der Weg ist. Wir wollen pro Tag acht Kilometer schaffen, kämpfen uns die schlammigen Berge hinauf und wieder hinunter. Carlos kaut Koka. Ich kaue Koka, und jedes Mal wenn der bittere Saft durch das Zahnfleisch in meinen Kreislauf sickert, denke ich nichts mehr. Aurelio stapft hinter mir, es regnet, niemand lächelt.

Das Abenteuer wurde zu einer Aufgabe, an die Stelle von Erlebnishunger ist Überlebenswille getreten. Gerade mal 20 Stunden nach unserem Aufbruch. Die Zivilisation ist schon weit weg.

»Hier müssen wir ihn zurücklassen«, sagt Carlos. »Warum?«, will ich wissen. Und Carlos sieht zu ihm herüber, dann wieder zu mir. »Wenn jetzt das Militär kommt und sie uns mit ihm erwischen, müssen wir alle in den Knast, auch die Indianer wollen nicht mehr mit ihm laufen. Sie dürfen dann zehn Jahre nicht mehr nach Kolumbien«, sagt er. Ich habe keine Wahl.

Wir erklären dem Mann die Route, den schnellsten Weg. Die Kameraleute und ich, wir geben ihm 100 Dollar, und ich reiche ihm meine Schmerztabletten und etwas von den Antibiotika. Dann verabschieden wir uns und gehen los. Zügig.

Er folgt uns, mit Abstand, weil wir denselben Weg gehen. Irgendwann ist er verschwunden.

»Er ist tot«, sagt Carlos. »Seine Zahnschmerzen, das hält doch niemand aus.« Carlos will gesehen haben, wie er sich kurz hingesetzt, an einen Baum gelehnt hat. Aber wir sind weiter, einfach weiter. Niemand hat es bemerkt.

Er ist tot. Und wer kauft der Mutter in Haiti nun die Medikamente?, denke ich.

Abends am Feuer weine ich. Und höre erst in meiner Hängematte auf. Meine Füße sind trocken, weil ich genug Socken dabeihabe.

Mein Vater sitzt mit angezogenen Beinen im Sand, es ist noch früh, die Sonne scheint, verbreitet aber noch keine Hitze. Wir sind nach dem Tod meiner Großmutter ins Ausland geflohen, ihr Erbe verplempern, wie meine Mutter sagen würde. Wir verplempern es in Thailand, auf einer Insel, in einer teuren kleinen Hotelanlage, in der alle Sorgen nur in der Zukunft liegen.

Wir ließen die Trauer in Deutschland und nahmen die Depression meines Vaters mit. Denn mein Vater, obwohl meine Oma nicht seine Mutter war, wurde nun noch mehr an den eigenen Tod gemahnt. Daran, dass der Bergbau eines Tages stillsteht, dass man sich auflöst und nur noch als jemand stattfindet, an den man sich im Gespräch erinnert. Der Gedanke, dass nur noch über dich, aber niemals mehr mit dir gesprochen werden kann, ist Furcht einflößend, egal, wie alt man ist.

Mittlerweile benennt mein Vater seine Depression auch als solche, er besucht eine Therapie, und trotzdem geht es ihm nicht besser. Mein Vater, das Hundertwasserhaus der Zwangsstörungen. Angst im Flugzeug, Angst vor der Hitze, Angst, keinen Arzt zu haben, wenn er ihn braucht, Angst vor dem Essen und über allem die Angst vor dem Tod.

Die Erinnerungen an die Reise, auf der wir das Erbe meiner Großmutter verballern, sind diffus. Mein Vater, der Wasser aus einem Zimmerspringbrunnen trinkt, weil er dachte, »in

Thailand macht man das so«, meine Mutter, die all ihre Kraft zusammennimmt, um nicht zu verzweifeln, und sich eine Rippe am Kajak bricht, mein Bruder, der mit mir auf dem Motorrad sitzt, mit dem wir abends aus der Pflege unseres Vaters fliehen.

Wir fahren Straßen entlang, die ich sehr gut kenne, weil ich seit über 20 Jahren auf diese Insel fahre, eine kleine Insel, über die ich schon viel geschrieben habe und die mir viel bedeutet. Hier gibt es mehr Menschen als Touristen, und die Menschen hier haben echte Berufe. Sie verleihen keine Schirme an Besucher, verkaufen keine Kokosnüsse. Und, das mag ich besonders, diese Insel ist bei jedem Besuch wie eine neue *TKKG*-Folge. Jedes Mal passiert etwas. Eine Chrystal-Meth-Dealerin versteckt ihre Drogen in Urlaubsvillen, ein Plantagenarbeiter wird hustensafthigh von einer Schlange gebissen, das ewige Wer-schläft-mit-wem. Ein schöner Ort mitten in der Andamanensee.

»Ich erkenne Vater nicht wieder«, sagt mein Bruder und legt seinen Kopf zwischen meine Schulterblätter. Er hält sich an mir fest, wie ein kleiner Bruder sich an seinem großen Bruder auf dem Motorrad festhalten sollte.

Ich sehe, wie erschöpft mein Bruder ist und wie verängstigt. Er erkennt seinen Vater nicht wieder, zu dem er immer aufgesehen hat, der Vater wurde zum Kranken, der am Altwerden innerlich vergangen ist.

Wir stellen das Motorrad ab und spazieren durch die Nacht. »Zieh die Schuhe aus«, sage ich. Mein Bruder, der immer auf mich hört, folgt meiner Anweisung.

Es ist die einzige Straße auf dieser Insel, an der Pinien wachsen. Die Nadeln bleiben liegen, und ich erkläre meinem Bruder, dass ich das Gefühl an den Füßen mag. Auf der sommerwarmen Straße stechen die Nadeln in meine Sohle. Drum herum Reisfelder, aus denen es nach Wasserbüffelscheiße stinkt, daneben das Meer, das sich vom Mond hat wegziehen lassen. Auch das Meer riecht, wenn die Ebbe an ihm zerrt. Unter der Oberfläche riecht es oft nach Dixi-Klo, denke ich.

»Du musst dich um Vater kümmern«, sagt mein Bruder, und ich nicke. »Immer«, sage ich. »Machst du dafür alles Handwerkliche in der Familie?«, frage ich ihn. Er lacht, stimmt zu. Er ist Tischler, und ich bin zu ungeduldig für Dübel und Regalböden. Wir verhandeln die Zukunft. Und wir sind uns schnell einig.

»Wird er wieder gesund?«, will mein Bruder von mir wissen.

Ich nehme ihn in den Arm. »Ja«, lüge ich. Weil ich es nicht weiß. Ich habe auch meine Mutter belogen und alle, die meinen Vater kennen, die immer gefragt haben, ob es ihm wieder besser gehen werde.

»Vater kommt mir manchmal vor wie ein kleines Kind«, sagt mein Bruder, und ich höre ihn schwer ausatmen, weil er verzweifelt ist. Er vermisst seinen Vater. Ich auch. Ich kenne seine Seele nicht, und ich weiß nicht, wie reparabel sie ist.

Jeden Morgen spricht mein Vater mit mir, fast drei Wochen lang. So oft haben wir in den letzten 20 Jahren nicht miteinander geredet. Spricht von einer Verzweiflung, die ich nicht verstehe. Ich weiß, warum er es tut. Sein Kopf wird ruhig, wenn er davon erzählt, was darin geschieht. Und an diesem einen Morgen, kurz bevor wir wieder zurück nach Deutschland fliegen, haben wir einen Durchbruch.

»Meine innere Stimme«, sagt er, nachdem wir barfuß im Wasser gestanden haben, nachdem ich ihn wie jeden Morgen zum Sport, zum Frühstück, zum Ausruhen gezwungen habe. »Meine innere Stimme schreit mich an.« Und ich bin überrascht. Ich habe mit ihm noch nie über seine innere Stimme gesprochen. Ich wusste nicht, dass auch er eine besitzt.

Über Jahre war sie still geblieben, hat ihn das, was ein ganz normales Leben ist, ertragen lassen. Doch jetzt, seit der Rente, seit dem Tod von Oma, ist die Stimme sehr laut geworden.

»Was schreit sie?«, will ich wissen.

Und Vater erzählt ganz bereitwillig. Sie würde ihm sagen, dass er auf Klo müsse, ohne zu müssen, sie würde ihm einreden, wovor er Angst haben solle, und sie würde über allem liegen. Sie würde ihn an der Liebe zu seiner Frau zweifeln lassen, würde ihn als Versager darstellen, als Mensch, den niemand erträgt. Sie würde infrage stellen, dass wir ihn lieben und umsorgen wollen.

»Wir sind hier«, sage ich und streichle seinen Kopf.

Dennoch sei die Stimme laut. »Ich kann nicht mehr lesen, ich kann keine Filme mehr sehen, ich kann mich nicht konzentrieren«, sagt er vor dem Schreibtisch, den er sich auf die Terrasse des Bungalows geschoben hat. Auf ihm warten unzählige ungelesene Bücher, die er aus Deutschland hierhergeschleppt hat. Diese innere Stimme brüllt nicht erst jetzt, sie wurde immer lauter, bis er seine Gedanken nicht mehr hören konnte. Und sie sagt immer dasselbe, bringt immer dieselben Einwände und Zweifel.

»Hilft kiffen?«, will er plötzlich von mir wissen. Und dann lächelt er, lässt sich von mir in den Arm nehmen.

»Noch nicht jetzt«, sage ich. »Dafür musst du ein bisschen gesünder werden.«

Dann spazieren wir zum Frühstücksbüfett, wir sind die ersten Gäste, und ich werde meinen Vater wieder zwingen, Müsli zu essen, er ist, wie ich, ein schlechter Frühstücker. Aber dieser Kampf gegen die Krankheit, er beginnt nach dem Aufstehen.

»Ich bin krank«, sagt er plötzlich.

»Ja«, sage ich.

Und das war er, dieser Durchbruch. Einem Mann aus dem Osten zu erklären, dass er psychologische Unterstützung braucht, ist nicht leicht. Krank bedeutet für unsere Eltern-generation: ein gebrochenes Bein, Rheuma oder Krebs. Aber die Seele, die ist einfach so, die wird nicht krank, sondern das ist dann melancholisch oder cholerisch. Nichts, was man nicht mit Alkohol behandeln könnte.

»Werde ich wieder gesund?«, will er von mir wissen. »Wird die innere Stimme wieder Ruhe geben?« Dann legt er seine Hand auf meine Schulter.

»Ja«, sage ich, und diesmal lüge ich nicht.

»Danke«, sagt mein Vater, und ich sehe ihn mit seinen dünnen Beinen, seinen kleinen Armen ins Restaurant gehen.

»Darf ich mir Schoko aufs Müsli machen?«, fragt er.

»Natürlich.«

»Wir sind noch nicht durch«, rufe ich. Nach vier Tagen ist unsere Reisegruppe größer geworden. Auf dem Weg durch das Darien haben wir Menschen aufgelesen, Chris aus Ghana, zwei Frauen aus dem Sudan und drei Männer aus Bangladesch. Wir haben aufgegeben, wir sagten uns, dass es egal ist, wenn sie uns erwischen. Außerdem sind wir mittlerweile so tief im Urwald, dass hier kein Militär mehr unterwegs ist.

Jeden Abend versorge ich die Wunden an den Beinen meiner Mitreisenden, Flo wird von jedem Insekt gebissen, das es in diesem Wald gibt. Ich desinfiziere, verbinde, verbrauche mein ganzes Erste-Hilfe-Set, aber es ist egal. Jeden Abend kontrolliere ich die trockenen Füße, wir essen Reis und Kochbananen.

Wir sind so tief im Wald, dass ich vergessen habe, wie die Welt da draußen funktioniert. Und es ist still. In meinem Kopf. Zum ersten Mal in meinem Leben habe ich diese Stimme zum Schweigen gebracht. Jeden Tag laufen wir 14 Kilometer, wir gehen geradeaus, immer im Wechsel aus Flusslauf und Bergen. Jeder Schritt ein potenzieller Sturz, ich bin hoch konzentriert, die Kameramänner filmen, ich führe Interviews, mache Fotos.

Abends sitze ich mit Aurelio am Feuer, wir unterhalten uns nicht. Müde esse ich mit den Fingern, um neun wird geschlafen, um sechs wieder aufgestanden. Weitergelaufen. Die Füße wund, der Geist still.

Manchmal gehe ich neben Chris, er ist 23 Jahre alt, will nach Mexiko. Er kam mit dem Flugzeug nach Brasilien. »Gott wollte, dass ich bis hier überlebe«, erzählt er mir. Erklärt mir so auch sein Vertrauen, diese Reise in Gummistiefeln zu schaffen. Er hat einen kleinen Rucksack dabei.

Gefunden habe ich ihn auf einem Berg, der Berg des Todes genannt wird. Er fragte mich, ob ich Wasser habe, und wir teilten. Er fragte mich, ob wir Essen haben, und wir teilten. Und nun teilen wir den Weg.

Es macht sogar Spaß. Wir lachen, fangen zusammen Frösche, baden in Vertiefungen im Fluss. Wir vergessen, dass wir sterben können, denn wir sind füreinander da.

Nachts schlafen Chris, die Bangladescher und die Frauen auf der anderen Seite des Flusses, falls doch noch Militärs kommen sollten. Wir haben Glück, das Wetter ist gut. Aurelio versucht ein Gürteltier zu fangen, weil es schmeckt. Wir haben Glück, weil das Wetter gut ist, das ist der einzige Gedanke, den ich habe.

In der ersten Nacht regnet es so stark, dass die Hängematten volllaufen. In dieser Nacht zieht eine Gruppe von 40 Flüchtlingen an mir, an uns vorbei. Ein Treck, 80 Füße, angeführt von einem Mann, 20 Taschenlampen. Niemand bemerkt uns.

»Still«, flüstert Carlos. Sie könnten auf uns schießen.

Zehn Meter neben mir läuft eine große Gruppe Menschen mitten in der Nacht durch einen Urwald, um nicht zu sterben, nicht zu verhungern, nicht vergewaltigt zu werden, damit sie eine Zukunft haben. Zehn Meter von ihnen entfernt hänge ich auf einer Anhöhe in meinem Bett zwischen zwei Bäumen.

Nicht atmen, nicht atmen, nicht atmen. Es ist die grausamste Meditation meines Lebens. Und sie schaltet mich aus. Ich bin nur noch meine Atmung, die ich einstelle. Ich darf nicht atmen, ist der einzige Gedanke, und ich starre mit festem Blick aus der Matte, kann keine Gesichter erkennen, und diese Stille lässt mich schaudern.

40 Menschen, kein Geräusch. Hätte es nicht geregnet, wäre ich nicht aufgewacht, dann hätte ich diese Menschen nicht bemerkt. Chris, die zwei Frauen und die Bangladescher waren Teil dieser Gruppe, sie haben sie verloren, und wenn sie uns nicht gefunden hätten, wären sie verloren gewesen. Deswegen folgen sie uns jetzt, bis zum Ausgang dieses Waldes.

Die berühmte Panamericana, die von Alaska bis Feuerland führt, die nur hier unterbrochen ist, erreichen wir 48 Stunden später als geplant. Wir laufen zwei Tage lang mit der Information in unseren Köpfen, dass wir in zwei Stunden ankommen.

Michael, der Kameramann, erstickt fast an einer Gräte. Flo, der andere Kameramann, stellt fest, dass er sehr unsportlich ist. Carlos flucht, sagt, er würde nie wieder durch das Darien gehen. Und ich?

Ich bin ein anderer Mensch geworden durch diese Reise. Weil ich herausbekommen habe, was das Einzige ist, das meine innere Stimme zum Schweigen bringt: Überleben.

Und ich denke in diesem Wald an meinen Vater und an das schönste aller Luxusgüter, das uns die Globalisierung gebracht hat. Das schönste und schmerzhafteste. Jedes Mal wenn ich jetzt in Berlin bin, wenn ich U-Bahn fahre mit meinem Vater, dem es besser geht, wenn ich träume, dann weiß ich, wir dürfen traurig sein, wir dürfen eine innere Stimme haben, die uns wahnsinnig macht. Denn nichts in unserem Leben bedroht uns so, dass der Kopf auf ruhig stellt.

Erst wenn in unserer Welt, in unserem Land, in unserer Stadt, in unserer Seitenstraße, in unserer Wohnung Überleben verhandelt wird, erst wenn unser Gehirn schweigt, müssen wir uns große Sorgen machen.

07

Vom Wunsch, einen glücklichen Menschen zu zeugen. Über Kinder

Ich atme schwer, sitze auf einem Baumstamm in einem Eichenwald. Die Feuchtigkeit der Borke dringt durch meine Hose, es ist kühl. Auf einem Schild, das für Touristen angebracht wurde, steht, dass hier das Märchen vom Rotkäppchen entstanden sein soll. Irgendwie kann ich es nicht glauben.

Es ist ein Sommernachmittag in Brandenburg. Und ich denke nicht an mich. Ich denke nicht an meine Oma, meinen besten Freund, meinen Vater. Ich lasse mich einfach treiben.

Das Mädchen aus Russland möchte mir *Für Elise* auf dem Klavier beibringen. »Komm«, ruft sie auf Russisch. »Ja«, antworte ich auf Russisch.

Auf einem vom Mäher vergessenen Feld haben wir gemeinsam nach Ölkäfern gesucht und sind danach so lange durch den Wald geirrt, bis wir zum vermuteten Haus von Rotkäppchens Großmutter gelangten. Wir reden nicht viel, obwohl ich Russisch in der Schule habe.

Ich erkläre dem Mädchen in wenigen Worten die Insekten. Große schwarze Käfer, die, wenn sie sich fürchten, eine Flüssigkeit abgeben. Es sind wirklich mächtige Käfer, die jedem, der durch Brandenburg spaziert, sofort auffallen. Hungrige Füchse, neugierige Igel oder ich, der mit seinen Fingern nach ihnen greift, sollen durch diese Flüssigkeit verscheucht werden. Sie brauchen diesen Mechanismus, weil sie so auffällig sind, so groß, dass ihr Flügelwerk hilflos auf dem Hinterteil liegt.

Ich hatte gehofft, die Haut meiner Finger würde auf das Sekret reagieren und Blasen werfen, was aber nicht geschah. Enttäuscht musste ich feststellen, dass ich keine Ölkäfer vor mir hatte, sondern Sandläufer, tiefschwarze, hektische und ebenso große Käfer.

Ich folge dem Mädchen, ich renne, obwohl ich unsportlich bin, meine Beine bewegen sich ungelenk. Vier Wochen bin ich hier, in diesem einzigen Bundesland, das ich wirklich kenne. Brandenburg, neben Berlin. Ich habe noch keinen Stimmbruch, keine Achselhaare, aber ich weiß schon, wie ich mich zu verlieben habe.

Es ist der letzte Sommer mit heller Stimme und geruchlosem Schweiß, es ist der letzte Sommer meiner Kindheit. Aber das weiß ich nicht, denn die Kindheit habe ich als einen einzigen zu überwindenden Zustand empfunden. Und für ein Kind ist die Kindheit endlos, weil es nicht weiß, was es bedeutet, erwachsen zu sein. Wenn sie reden, die Männer mit Bärten und die Frauen mit Falten an den Augen, dann verstehe ich sie nicht. Als würden sie eine fremde Sprache sprechen, die es zu lernen gilt. Und man lernt sie. Versteht sie, irgendwann.

Heute weiß ich, was der Satz »Die Zeit rast« bedeutet. Damals hat er sich mir nicht erschlossen. Ich konnte mir einfach nicht vorstellen, was es bedeutet, älter zu sein als so alt, wie man gerade ist.

Sie wirft sich ins Gras, als wir auf dem Weg zu diesem einen Schloss in Brandenburg sind. Dort steht der Flügel, vor dem wir seit Tagen sitzen und sie mit ihren Fingern die Tasten drückt. Wenn wir nicht Käfer suchen, nicht Klavier spielen, liegen wir auf dem Bauch und spielen Schach.

Eigentlich ist es ein Gutshaus, aber hier nennt es jeder nur

»das Schloss«. Meine Familie hat keine Verbindung zum Adel, dennoch haben wir einen engen Bezug zu diesem weißen Haus mit dem roten Dach, der großen Terrasse und dem Prachtgarten. Die Geschichte der DDR, die Geschichte meiner Familie, es passierte alles hier. In diesem Haus hat Bettine von Arnim mit den Brüdern Grimm getrunken, und später soll der Kulturminister der DDR Johannes R. Becher hier mit meiner jungen Oma gebechert haben.

Seit über 50 Jahren fährt meine Familie hierhin. Erst meine Oma als junge Frau, dann mit meiner Mutter als Kind, später mein Bruder und ich, auch als Kinder. Und ich als Erwachsener, aber ohne Kinder. Vor drei Jahren war ich das letzte Mal hier und habe im Prachtgarten auf LSD Besucher erschreckt und Hummeln gesucht.

Jetzt gibt es eine neue Verwaltung, die mir unhöflich gesagt hat, dass wir nicht mehr kommen dürfen. Wir wurden ausgeschlossen, obwohl wir dazugehörten.

Die Frauen aus der Küche kannten meinen Namen und betonten, wie groß ich geworden sei, die Menschen aus dem Dorf, Wiepersdorf, nickten mir auf der Straße nur zu, um mich zu grüßen. In der Dorfkneipe Donath habe ich Alkohol mit meinem Vater getrunken, als er noch Alkohol trank. Hier ist mein Vater mal auf seine Schneidezähne gefallen, nachdem er zu viele Biere mit Korn kombiniert hatte.

Obwohl ich in Berlin groß geworden bin, führen die meisten Erinnerungen an meine Kindheit, sobald sie schön sein sollen, hierher. In den Niederen Fläming, den hässlichsten Teil Brandenburgs. Keine Seen, staubige Felder und trockene Wälder, die nur überleben, weil Eichelhäher laut schreien, wenn ein Feuer ausbricht.

Diese Kindheit, an die ich mich erinnere, ist eine Kindheit mit von der Sonne warmen Haaren; es gab Kuchen, und ich nippte an Weingläsern berühmter Schriftsteller und Schriftstellerinnen. Sie waren auch hier, sie brachten ihre Töchter und Söhne mit, und wir spielten miteinander, jeden Sommer. Bis pubertäre Abneigung die Spielregeln änderte.

Wenn ich an meine Kindheit denke, dann denke ich an diesen Tag, bis heute ist das so. Ich glaube, der Grund dafür ist ein einfacher, naiver. Dieser Sommertag fasst meine Kindheit komprimiert zusammen.

Ich war ein glückliches Kind, nicht behütet, das geht auch gar nicht, wenn man in Berlin aufwächst, aber es hatte Leitplanken. Die verbalen Leitplanken meines Lebens haben den Klang der elterlichen Stimme.

»Mutter«, fragte ich, »darf ich bei der Sero-Altstoffsammlung mitmachen?«

Sie lachte, zog an ihrer Zigarette und antwortete plötzlich ganz ernst: »Nein, ich will nicht, dass du bei Kinderfickern klingelst.« Dieses Verbot war ein Verbot aus Liebe.

»Darf ich nachts raus?« – »Nein.«

»Kann ich ein Fahrrad haben?« – »Nein.«

»Darf ich an den See?« – »Nein.«

Meine Eltern haben mich immer geliebt, nie an mir gezweifelt, und wenn doch, dann habe ich es nicht bemerkt. Sie haben mich immer auf ihre Schultern genommen, mir alles möglich gemacht, mich nur geringfügig verzogen. Meine Eltern sind der Grund, warum ich als Kind glücklich war, warum, wenn ich mich an früher erinnere, nur naive Seligkeit herrscht. Weshalb ich seit über zehn Jahren daran denke, dass ich selbst gerne Vater werden würde.

Ich wünschte, ich könnte einen Menschen zeugen, der glücklich ist, damit dieser Mensch, in dieser Welt, glücklich sein kann.

Ich sitze schweigend neben einer großen Frau in einem Pickup. Es ist Frühjahr im Norden des Iraks, und ich bin zum ersten Mal in meinem Leben in einem echten Kriegsgebiet. Ich habe schon viele gefährliche Länder, Städte, Bezirke und Menschen kennengelernt, aber ich war noch nie in einem Kriegsgebiet. Kabul kommt später.

Der weiße Pick-up treibt mit überhöhter Geschwindigkeit durch die Felder, wir fahren Sandwege und dürfen das Auto nicht verlassen, wegen der Minen. Die Frau erzählt von den Flüssen, die im Frühjahr anschwellen, über die Ufer treten, und wenn das Wasser in die Felder geht, werden die Minen herausgespült und entzünden sich zum Teil selbst.

Ich begleite eine kleine Gruppe kurdischer Frauen, Jesidinnen. Der Islamische Staat ist aus dem Irak bereits zurückgedrängt, noch nicht entfernt, aber zurückgedrängt. Unsichtbare Grenzen halten ihn von uns fern. Wir wissen, wir werden durch Fernrohre beobachtet, deswegen fährt die Frau schnell. Sie hat große Oberarme und ihre Haare unter einem Barett, ihr Blick ist ernst. Vermutlich ist sie viel jünger als ich, aber sie sieht viel älter aus. Ihre Hände sind klein, greifen fest ins Lenkrad. Sie ist die Kommandantin einer Fraueneinheit, die gegen den IS kämpft. Das erschöpfte Gesicht ist der sichtbare Teil einer erschöpften Seele.

Die wunderliche, in den Bergen im Norden des Iraks entstandene Religion der Jesiden ist für Außenstehende schwer nachzuvollziehen. Diese Religion, die einen Pfau verehrt, die nicht missioniert, deren Anhänger in ihrem Siedlungsgebiet als Ungläubige, als Teufelsanbeter gelten und deshalb schwer verfolgt werden.

Wir fahren nach Sinjar. Die Stadt liegt eingeklemmt im Dreiländereck Türkei, Syrien und Irak. Viele Jesiden lebten hier. Bis der IS kam, über Nacht. 2014 wurden die Männer in ihren Wohnungen erschossen, die Frauen vergewaltigt, bis sie starben, die Kinder waren nur kurz Waisen, denn wenn sie nicht mit denselben Waffen wie ihre Eltern getötet wurden, verhungerten sie. Wurden krank auf der Flucht, gingen am Krieg ein.

Ich habe auf der Reise viele Kinder gesehen und wenige Erwachsene. Entweder waren es die Großeltern oder die Kinder, wenn jemand überlebte.

In den Flüchtlingslagern habe ich sie beobachtet, Kinder, die keine Kinder mehr waren. Sie haben kleine Körper, aber die Gesichter von Erwachsenen. Ihre Spiele waren Wasser holen, damit sie nicht an der Ruhr verrecken, damit die Cholera sie nicht holt.

In den Zelten lagen die Alten, auf der Seite, den Kopf auf den Arm gelegt, und starrten durch den Schlitz in der Zelttür nach draußen. Sie verarbeiteten den Tod ihrer Kinder, und die Enkel wunderten sich, wo die Eltern bleiben.

In diesen Flüchtlingslagern machten wir Pause, als würden wir an einer Tankstelle halten, aßen Fladenbrot mit dicker Milch, tranken Tee aus kleinen Gläsern, so süß, dass jeder Nerv im Zahn zog, und hörten die Geschichten.

Ich saß dort, mit angezogenen Beinen und in Socken auf den geretteten Teppichen. Die Alten hatten nur die Teppiche und die Enkel retten können. Und ich unterhielt mich, manchmal hörte ich auch einfach nur zu. Hörte die Geschichten von den Müttern, die sich in der großen Sporthalle einfinden sollten, zu Hunderten. Die Kämpfer des IS warteten davor. Und die Frauen wurden vergewaltigt, von Hunderten, in dieser blauen Sporthalle in Sinjar. Davon wurde mir erzählt.

Ich wollte weghören, aber ich musste doch zuhören. Wir Menschen können wegsehen, aber niemals weghören. Das habe ich dort gelernt. Wir können die Augen schließen, doch Finger versiegeln die Ohren nicht gänzlich, die Wörter, die draußen bleiben sollen, dringen überall hindurch.

Die Frauen erzählten vom Blut. Den Schreien. Und dann der Stille, nachdem sie sich aufgegeben hatten.

Die Kinder kannten die Geschichten ihrer Mütter schon und schenkten mir Tee nach. Ich musste mich konzentrieren, um nicht wahnsinnig zu werden. Diese Grausamkeiten waren keine Erzählungen längst vergangener Kreuzzüge, sondern hatten sich vor Monaten, vor einem Jahr ereignet. Der Boden war vom Winter hart, aber vom Blut noch warm.

Die Kommandantin wartete im Auto, solange ich mit den Geflüchteten sprach. Sie rauchte unvernünftig viele Zigaretten, ihre Hand zitterte.

Wir schweigen, als wir wieder auf der Straße sind. Ich kann kein Gespräch mit dieser Frau führen. Ich traue mich nicht. Auch, weil ich ein Mann bin.

Weil ich pinkeln muss, durchbreche ich das Schweigen. Ich habe mich lange nicht getraut, es zu sagen, doch ein Schmerz aus der Mitte meines Körpers weist mich darauf hin, dass es nicht mehr aufzuschieben ist.

Die Frau am Steuer lacht, fährt rechts ran und kurbelt das Fenster herunter. »Ich komme mit«, sagt sie. Und ich bin froh, denn ich will nicht alleine sein. Mit vor der Brust verschränkten Armen passt sie auf, dass ich auf keine Mine trete, und während ich pinkle, beobachte ich die Landschaft. Ein warmer Frühlingswind weht unter mein T-Shirt, ich muss mich schütteln. Wie Wellen liegen unendliche Wiesen über den Hügeln. Ein stilles, urzeitliches Meer. Irgendwo lodern die Flammen in Brand gesteckter Ölquellen. Schwarzer Rauch steigt in den Himmel wie der Rauch von Plaste, die im Lagerfeuer verbrennt. Dünne, giftige Striche, die in die Atmosphäre aufsteigen.

Plötzlich zeigt die Frau auf ein Feld aus wildem Weizen, der in Berlin an Bäumen wächst und die Hände meiner Kindheit verklebt hat. »Dahinten ist ein Massengrab. Komm mal mit«, sagt sie.

»Dahinten« ist fünf Meter von der Stelle entfernt, an der

ich gepinkelt habe. Ich ziehe die Hose hoch und laufe neben ihr, überlege, wo ich meine Hände waschen könnte.

»Woher willst du das wissen?«, frage ich sie, als wir vor dem Feld stehen, als ich in dieses harmlose Grün blicke.

Und sie erzählt es mir, ausdauernd und ohne Emotion, sie raucht eine Zigarette nach der anderen dabei. Im Frühling, erklärt sie, ziehen die wachsenden Gräser die Haare der Frauen nach oben, die schönen, langen schwarzen Haare der Jesidinnen, ihr ganzer Stolz. So niedrig sind die Leichen vergraben. Der Tod treibt nach oben, wenn das Leben im Frühling keimt.

Nur hier sind die Blüten des Weizens schwarz. Nur hier sind die Körper der Frauen Dünger. Nur hier ist das Brot, das wir essen, eine Erinnerung an verschwundene Mütter, getötete Väter und vergrabene Kinder.

Ich denke häufig an diesen Tag, an diese Situation, an diesen Moment in meinem Leben.

Ich träume davon, ich erzähle davon, sie haftet an mir. Sie hat mich verändert und trauriger gemacht. Zu diesem Zeitpunkt habe ich schon Leichen gesehen, habe mit Menschen gesprochen, die Grausames erfahren haben, Grausames getan haben, ich hielt mich für abgehärtet. Ich habe mich geirrt.

Niemand von uns härtet ab, niemand wird stärker durch erfahrenes Leid. Jeder von uns wird kränker, je älter er ist, je mehr er erfahren hat. Krank, weil die Seele zerbricht. Ob am eigenen Leben oder am Leben anderer. Das lässt sich nicht verhindern. Egal, ob die Mütter in Syrien, ich im Irak oder der Vater im Weinlokal. Der Ort spielt keine Rolle.

Gesund sind die Kinder. Sie haben noch nichts erfahren, noch nichts verstanden. Sie bilden noch keine langen Gedankenketten auf Autofahrten durch den Irak. Wenn Kinder in Autos sitzen, wollen sie auf dem iPad Filme gucken und nerven die Eltern, wollen Brötchen so kauen, bis sie einen Ball aus spuckigem Teig in der Hand rollen können. Kinder wollen Polster versauen. Kinder sollen Polster versauen.

Oft werde ich gefragt, ob ich glaube, dass die Welt im Kern gut ist. Und ich erschrecke mich immer wieder über diese Frage, weil sie so schmerzhaft einfach ist. Die Welt in Gut und Böse einzuteilen ist möglich, aber nicht richtig. Es funktioniert einfach nicht.

Ich habe in Syrien IS-Kämpfer kennengelernt, die in den Krieg gingen, weil sie von der Welt vergessen wurden. Ich habe Menschen kennengelernt, die Drogendealer wurden, weil ihnen sonst jeder Erfolg verwehrt blieb, und Soldaten, die töten, weil sie nichts anderes können und dachten, sie würden die Demokratie verteidigen. Noch nie in meinem Leben habe ich einen Menschen kennengelernt, der im Kern schlecht, böse oder niederträchtig war.

Ich habe Menschen, mit denen ich sprach, verabscheut, sie haben mich wütend gemacht, sie haben mich traurig gemacht, aber das Böse konnte ich nicht erkennen.

Am Ende, nach langen Gesprächen, habe ich erkannt, was für mich als der Grundzug meiner, unser aller Existenz gilt. Als Kinder sind wir niemals schlechte Wesen, später macht uns das Leben auch nicht schlechter, sondern es macht uns traurig. Und in dieser Traurigkeit steckt auch Verzweiflung. Sie lässt uns falsche Entscheidungen treffen.

Der Kampf um Anerkennung, Aufmerksamkeit, um sich von der eigenen Traurigkeit abzulenken, führt oft zu dem, was wir uns als »das Böse« vorstellen. Die Traurigkeit, die Kinder nicht kennen, bekämpfen wir nicht selten durch ein Verhalten, das von den »Guten« moralisch schwer bis gar nicht zu akzeptieren ist.

Wir sind die einzigen Lebewesen auf diesem Planeten, die

ihre Welt in Gut und Böse aufteilen. Kein Löwe, kein Fuchs, kein Käfer macht das.

Und wenn ich darüber nachdenke – und ich denke an vielen Orten ständig über Gut und Böse nach –, kommen mir Petrischalen in den Sinn. Wenn ich in einem Büro deutscher Rechtsextremer stehe, wenn ich die Schüsse von IS-Kämpfern höre, muss ich an diese gläsernen Untersetzer denken, auf denen Bakterienkulturen auf einer Nährlösung angesetzt werden. Diese Nährlösung ist unsere Wirklichkeit, unser Alltag mit seinen Herausforderungen und ständigen Enttäuschungen. Die Kinder, die Neugeborenen werden darauf geträufelt, und wenn alles gut geht, werden sie zu glücklichen Menschen, und das Gute kann sich durchsetzen und ausbreiten. Die Nährlösung unser aller Leben ist das Schlechte, das Traurige, das Schmerzhafte.

Das Gute existiert nur im Labor, in der Wirklichkeit ist kein Platz dafür.

Nach so vielen Grausamkeiten, die ich gespürt, gesehen, gerochen und gehört habe, lege ich meine Hoffnung in das Kind, das ich möglicherweise haben werde. Und ich weiß schon jetzt, es ist unvernünftig, das zu tun. Es ist sogar gefährlich, einem Kind, meinem Kind die Verantwortung aufzuladen, mich an das Gute im Menschen glauben zu lassen. Es ist die abstraktere Version einer Ballettmutter, die selbst nie Tänzerin wurde und deswegen ihr Kind immer und immer wieder zwingt, zu tanzen.

Ich bin diese Ballettmutter, und weil ich verlernt habe, das Gute zu sehen, es nicht mehr erkennen kann, erwarte ich von meinem Kind, genau das Gute zu sein, das ich so vermisse. Vielleicht ist das der einzige Grund, warum ich ein Kind haben möchte.

Ich stelle mir vor, einem Jungen, einem Mädchen, vollkommen egal, die Welt zu zeigen, wie sie ist, und ihm oder ihr zu beschreiben, wie sie sein sollte. Ich will, dass mein Kind die viel rauchende Frau aus dem Irak kennenlernt, will, dass es in El Salvador sein kann. Es soll die Oma von Lukas kennenlernen und jede Frage stellen, die es hat. Und ich will so lange nach Antworten suchen, bis ich sie geben kann.

Ich will es erziehen, damit es am Tisch sitzen kann, ohne zu nerven, ich will es aber auch frei sein lassen, es soll die Welt probieren, wie sie ist, ohne daran kaputtzugehen. Will mich schützend vor das Kind stellen, weil ich weiß, was das Schlechte, Böse und Gefährliche ist. Ich kenne es besser als die meisten Menschen. Es ist ein großer Vorteil, den ich mir unter noch größerem Schmerz erarbeitet habe.

Mein Ziel wäre es, aus diesem kleinen Lebewesen den glücklichsten Menschen überhaupt zu machen. Weil ich verstanden habe, dass das Böse als Schatten existiert, niemals als Mensch. Das Glück einer Welt, und davon bin ich überzeugt, hält an, solange wir die Kindlichkeit bewahren. In diesem Sinne existiert das Böse dort, wo es keine Kinder gibt.

Seit sieben Stunden fahre ich auf einem motorisierten Einbaum, einem schmalen blechernen Boot, in Richtung des indigenen Dorfs. Ich sitze mit angezogenen Beinen und rundem Rücken, es ist unbequem. Sieben Stunden geht es die Flüsse des Amazonas entlang, bis sie immer schmaler werden. Manchmal regnet es, und mit einem kleinen Eimer schöpfe ich das Wasser aus dem Boot. Auf meinem Schoß liegt mein Rucksack, ich bin nass und friere, obwohl es 35 Grad sind. Aber der Fahrtwind und die Wolken, die sich in mächtigen Wirbeln über diesen Wald legen, lassen mich frieren. Die Feuchtigkeit zieht durch meine Kleidung wie damals, in Wiepersdorf, auf dem Baumstamm.

Ich fahre tief in diesen Wald, weil ich eine Geschichte gehört habe von jungen Menschen, die ihre Hand in einen

Handschuh voller Ameisen legen, Ameisen, die stechen, nicht beißen, und ein Stich der 24-Stunden-Ameise oder englisch Bullet Ant soll der schmerzhafteste Insektenstich im Reich der Käfer sein. Insekten, Urwald und Riten, die ich verstehen will, mehr brauche ich nicht, um glücklich zu sein. Schon kurz hinter der Stadt Manaus habe ich die Orientierung verloren. Ich habe kein Interesse daran, auf Google Maps nachzusehen, wo ich gerade bin.

Auch wenn ich schon oft betont habe, kein spiritueller Mensch zu sein, hier im Urwald löse ich mich auf, hier bin ich nichts.

Vögel mit scharfen Schnäbeln und buntem Gefieder, Affen, die mich beobachten, große Welse, die aus dem Wasser glotzen, Falter so mächtig, dass sie mir im Vorbeiflug Wind zuwedeln. Manchmal hält der stille Lotse dieses Bootes an unzugänglichen Ufern an, rennt in den Wald und bringt Früchte heraus, die wie New York Cheesecake schmecken oder nach fauligem Keller. Es ist ein Glücksspiel, in dem ich immer gewinne, weil jeder Geschmack, jede Situation eine unvergessliche Erinnerung wird. Auch wenn ich unter dem Gelächter des stillen Lotsen mit spitzem Mund und verzogenem Gesicht eine Frucht wieder ins Wasser spucke.

Sechs Tage werde ich hier sein, die Initiationsriten beobachten, am Leben teilhaben. Man wird mich aufnehmen, weil ich mich vor nichts fürchte in diesen Wäldern. Ich habe keine Angst vor den Jaguaren, den Alligatoren, nicht mal vor Malaria, Amöben-Ruhr oder Tuberkulose. Im Urwald fürchte ich mich nie, weil es hier nicht in meiner Hand liegt, Katastrophen zu verhindern. Die Wahrscheinlichkeit, dass hier etwas passiert, ist so groß, dass ich aufgegeben habe, die Möglichkeiten einer Verletzung durchzudenken.

Wir beziehen ein Stelzenhaus in einem Dorf, das aus vielleicht 15 Gebäuden besteht, dahinter ragt der Dschungel, kleine Wege führen hinein, zu Bananenfeldern, und noch tiefer hinein, zu heiligen Orten, die ich nicht sehen will, weil es nicht meine heiligen Orte sind. Vor dem Dorf treibt der Fluss braun und behäbig dahin. Ich sitze am Ufer und starre hinein. Ich rauche noch Zigaretten zu diesem Zeitpunkt.

Am ersten Abend, wir liegen erschöpft in den Hängematten unseres Hauses, fragt mich der Kameramann, ob ich mich von der Ameise stechen lassen werde.

»Ja«, sage ich. Ich weiß, dass der Schmerz mit dem Tritt auf einen glühenden, rostigen Nagel verglichen wird. »Die Kinder hier halten es aus, also sollte ich das wohl auch schaffen«, sage ich und schlafe erschöpft ein.

»Siehst du ihn?«, fragt der Kommandant. Ich blicke nervös durch das Fernrohr, mein Schutzhelm sitzt schlecht, ich trage eine unbequeme ballistische Weste zum Schutz meines Herzens, meiner Eingeweide. Ich bin irgendwo hinter der Stadt Dohuk, direkt am Frontverlauf des Krieges zwischen der freien Welt und dem Islamischen Staat.

»Nee«, sage ich nervös. »Darf ich meinen Kopf wieder runternehmen?« Der Kommandant, der nur noch einen Arm hat, lacht.

In diesen grünen Wiesen, in denen die Menschen vergraben werden, ist Leben, Skorpione wohnen hier, wilde Bienen. Ich weiß nicht, was ich denken soll, als ich an diesem Frontverlauf bin, an dem vielleicht zehn Meter hohen Sandwall, in den Container eingebaut sind. Frauen mit Maschinengewehren schlafen darin, Männer schlafen davor.

Eine dieser Frauen kommt zum Kommandanten und mir, kniet sich vor die Wand, eine kleine Öffnung für ihr Scharfschützengewehr. Sie blickt hindurch, sieht dann zu mir und weist mich an, auch einen Blick hindurchzuwerfen. Sie hält das Gewehr für mich, und ich ekele mich, die Waffe anzufassen. Ich schließe ein Auge, die Hand hält den rutschenden Helm.

Durch das Fernrohr wird ein winziger Ausschnitt meiner Realität sichtbar. Ein Junge auf einem Moped fährt direkt auf uns zu. Er ist vielleicht 16 Jahre alt, könnte auch 25 sein, so genau kann ich das nicht sagen. Auch erkenne ich nicht, wie er sich fühlt, ich sehe nur, dass ein schwarzes Kopftuch im Wind weht. Er ist eine Gefahr für uns. Er könnte uns töten, und er hat nur diese eine Aufgabe, während er auf uns zufährt.

»Ein Selbstmordattentäter«, sagt der Kommandant.

»Willst du ihn erschießen?«, fragt er mich.

Und ich höre nur noch ein Klingeln, mir wird schlecht, und für eine Millisekunde existiert dieser Gedanke in meinem Kopf: »Ich könnte das jetzt tun. Ich könnte einen Menschen töten.« Der Kommandant sieht mich herausfordernd an, hält mir die Waffe wie ein Glas Tee hin. Als sollte ich Töten mal ausprobieren. Ich lache und lehne die Möglichkeit dankend ab. »Nein, nein«, sage ich. Und realisiere nicht, was hier gerade geschehen ist. Ich weiß auch nicht, warum ich lache.

Ich lache mehr. Und in meinem Kopf ein Actionfilm. Ich lege an, schieße, eine Patronenhülse fliegt mir am Gesicht vorbei, der Junge fällt vom Motorrad. Applaus der Kämpfer. Noch mehr Tee.

Ich denke das wirklich.

»Okay«, sagt der Kommandant, nimmt sein Funkgerät in die noch vorhandene Hand, funkt kurdische Kommandos, die Frauen gehen auf ihre Positionen, die Männer ebenso. Die Scharfschützin legt an, schüttelt den Kopf. Sie würde ihn nicht treffen können.

Es scheint keine Sonne an diesem Tag. Es ist kalt, obwohl es heiß sein müsste.

Ich beobachte ein junges Mädchen, sie ist höchstens 16, könnte aber auch 14 sein. Sie trägt den Übermut der Jugend als Schminke, um ihre Kindlichkeit zu verbergen. Als ich wissen will, wie alt sie ist, antwortet der Einarmige, dass sie natürlich 18 sei, genau in dem Alter, um sich den kurdischen Einheiten anschließen zu können.

Die Wangen gerötet, die langen Haare zu einem imposanten Zopf gebunden, nimmt sie Platz auf der Ladefläche eines Toyota-Landcruisers. Neben der AK-47 entscheiden diese Autos viele Kriege in Afrika und im Nahen Osten. Sie bedient ein großes Geschütz, an dem gekurbelt werden muss. Die Hände am Abzug, eine Waffe, die Hände benötigt, keinen Finger.

Und ich rufe, ich will wissen, was passiert. »Runter, runter«, ruft der Kommandant, verscheucht mich vom Hügel, »stell dich darunter.« Er zeigt auf einen aufrecht stehenden Betonsarkophag, der mich vor möglichen Mörsergranaten schützen soll. Und ich brülle weiter. »Was passiert hier, was ist das hier?«, will ich wissen.

Der Kommandant funkt, die Hände betätigen den Abzug des Geschützes, und ich höre das Geräusch von großkalibrigen Geschossen. Ich höre das künstliche Gewitter eines Stahlrohres, sehe gleißend die Projektile davonfliegen, sehe diese metallenen Insekten, die nur eine Aufgabe haben. Zehn, fünfzehn Salven werden abgegeben in Richtung des Motorradfahrers, der vielleicht genauso alt ist wie das Mädchen, das ihn tötet.

Ich höre das Geräusch dieser Waffe bis heute in meinem Kopf hallen.

Als die Frauen applaudieren, weiß ich, dass der Junge verschwunden ist. Er ist jetzt kein Mensch mehr, der sein Leben noch vor sich hatte, er ist nur noch ein Rest.

Er ist jetzt eine Erinnerung in meinem Kopf. In den Köpfen seiner Familie. Das Mädchen wird ihn schnell vergessen haben, das ist eine der wichtigsten Lektionen in einem Krieg: vergessen. Eine Lektion, die ich nie gelernt habe, die mir niemand beigebracht hat.

Die Schützin steigt vom Landcruiser, klatscht in die Hände, als hätte sie ein Bücherregal angeschraubt, und kommt auf mich zu. Sie sieht, was in mir geschieht, aber sie versteht es so wenig wie ich, nimmt ihr Gewehr von der Schulter und fragt mich, ob ich mal auf eine Dose schießen will. »Macht Spaß«, sagt sie.

Ich war 37, als ich erwachsen wurde. An diesem Tag im Irak.

Die Kinder dabei zu beobachten, wie sie am Amazonas aufwachsen, begeistert mich. Es ist die naive Begeisterung eines Städters, der in einer Vierzimmerwohnung wohnt, mit Heizung und Dusche, Fernseher. Der eine Kaufhalle gegenüber hat und den entschlossenen Willen, niemals aufs Land zu ziehen. Es fällt mir leicht, dieses Leben schön zu finden, weil ich es nicht leben muss.

Die Abwesenheit des Luxus, in dem ich aufgewachsen bin, lässt mich erst spüren, was ich habe. Und was ich nicht brauche. Aber niemals habe ich auf diesen Reisen an den Rand des Verzichts danach mein Leben geändert. Ich habe immer noch mehr Bücher gekauft, noch mehr Comics, ich sammle immer weiter Erinnerungen, die andere für mich aufgeschrieben haben. Aber hier, im Amazonasgebiet, brauche ich nichts. Außer einem Klappstuhl.

Eine Woche bin ich hier, und ich gebe mich dem Leben der Indigenen hin. Die Hektik des Journalisten funktioniert hier nicht. Ich sitze, spiele mit Kindern, sie nehmen mich mit ins Dickicht, und wir fangen Taranteln, wir suchen Käfer, und ich suche mit ihnen die Ameisen, die stechen statt beißen.

Ich kenne keinen einzigen Namen der Kinder, weiß nur, sie sind die Einzigen in dem Dorf, die lachen. Die Erwachsenen tragen Schmuck an den Beinen und die Farbe einer Frucht als Tätowierungen. Sie essen Fisch und arbeiten auf den Feldern. Sie bekommen Kinder, und weil sie so tun, als wären sie Katholiken, bekommen sie auch Impfstoff und sterben deswegen nicht so schnell.

Hier leben heißt, hier arbeiten. Es sei denn, man ist ein Kind. Bis spät in die Nacht bleiben sie auf. Wir spielen Karten, ich bekomme immer mehr Käfer geschenkt und Früchte, die schön aussehen, aber ekelhaft schmecken. Sie machen sich lustig über meine Leggings, die ich immer im Urwald trage, weil sie ein Zebramuster haben und ich mir einbilde, deswegen weniger von Insekten gestochen zu werden. Deswegen hat die Evolution das Zebra gestreift. Damit die Insekten mit ihren Facettenaugen dieses Tier nicht erkennen. Damit ich im Urwald nicht gesehen werde von den Sandfliegen, die seltsame Tropenkrankheiten übertragen.

Die Kinder allerdings, sie sehen mich, sie schlagen mich mit Stöcken oder jagen mich um das Feuer, durchs Dorf. Blicken durch den Sucher der Kamera oder spielen mit meinem Mobiltelefon. Die Kinder haben keine Zweifel an mir, die Erwachsenen setzen uns abends an Extratische, sie sind skeptisch.

Ich habe vielleicht zehn Mal indigene Völker besucht in den Urwäldern Süd- und Mittelamerikas. Sie sind alle sehr unterschiedlich, es sind Völker, die ihre Gemüter als Identität verstehen. Die sanften Emberer, die kriegerischen Kuna, die fleißigen Yanomami. Niemals aber habe ich Erwachsene lachen sehen, Witze, die ich mache, um ein Interview aufzulockern, vertrocknen wie ich unter der heißen Sonne Brasiliens.

Humor spielt keine Rolle. Humor ist unnötig, und ich kann es verstehen. Die Frauen bekommen Kinder, ohne es infrage zu stellen, und die Männer verletzen sich, wenn sie ihre Heimat vor Goldschürfern oder Holzfällern zu verteidigen versuchen. Wer hier seine Heimat verteidigt und sich dabei verletzt, stirbt, die meisten verschwinden in den dunklen Wäldern. Die Verschwundenen müssen nicht mal verscharrt werden, innerhalb kürzester Zeit nagt alles, was in diesem Wald lebt, die Knochen ab. Was an den Knochen bleibt, erledigen die Pilze.

Und die Kinder? Sie spielen. Wir gehen tief hinein in den Wald und haben rote Wischeimer dabei. Sie werden mit Tausenden dieser riesigen Ameisen gefüllt. Größer als ein Daumennagel und träge sind sie, kein Vergleich zu der wieseligen Bedrohlichkeit eines aufgeschreckten Ameisenhügels in Brandenburg. Wir sammeln erfolgreich, und an diesem Abend soll die Zeremonie stattfinden. Ein Schwein wird getötet, und Dreiliterflaschen Cola wurden besorgt, Bier für die Erwachsenen.

Es erinnert mich an die Jugendweihe, die ich nie hatte. An kleine Menschen in Anzügen, die auf Fotos immer hässlich aussehen werden. An teure Geschenke und möglicherweise den ersten Bierrausch. Es ist eine Jugendweihe wie bei uns, die junge Menschen in das Erwachsenenalter begleiten soll.

Und ich erinnere mich an den häufigsten Satz der Erwachsenen: Bleib so lange jung, wie du nur kannst. Diesen Satz zu verstehen ist unmöglich. Er hat aber die gleiche Funktion wie diese Ameisen. Dieser Satz sticht. Er ist der erste Schmerz, die erste Warnung, die wir Menschen erhalten.

Die Ameisen schwimmen betäubt in einer Flüssigkeit, sie sind nicht tot, nur noch schläfriger. Vom Oberhaupt des Stammes werden sie kunstvoll in das feine Gewebe eines Strohhandschuhs eingeflochten. Der Po mit dem Stachel zeigt nach innen, der Kopf nach außen. Eine furchtbare Vorstellung, die Hand dort hineinzustecken. Ein Junge, mit dem ich viel Zeit verbracht habe, wird dies heute Abend tun.

Er ist so alt wie ich in Wiepersdorf. Er ist so fröhlich wie ich in Wiepersdorf. Als die Sonne untergeht, zieht er an meinem T-Shirt, er will mir etwas zeigen, und ich folge ihm hinunter an den Fluss. Frauen waschen Wäsche, Kinder schwimmen, und er fragt mich, ob wir, das Team, wir alle, einfach schwimmen gehen, noch mal, bevor er erwachsen ist. Ich nicke.

Der Kameramann sieht mich ungläubig an. »Bist du bescheuert?«, fragt er. »Hier sind doch diese Penis-Fische.«

Ich schüttle den Kopf. »Wenn die hier wären, würde keiner baden.«

»Ich bleibe an Land und filme«, sagt er, holt die Kamera, und ich ziehe mein T-Shirt aus, klettere auf einen toten Baum, der über das Wasser reicht, und springe kopfüber in den mächtigen braunen Fluss. Ich lasse mich treiben, schwimme wieder zum Ufer und springe noch einmal. Die Frauen lächeln, die Kinder schreien und werfen mit Stöckern nach mir.

Das Spielzeug der Wahl sind hier Stöcker.

Es ist der schönste Schwimmausflug meines Lebens. Dann geht die Sonne unter. Ich reibe mich gerade mit Mückenspray ein, werde dabei von einem Faultier abgelenkt, das sich in einem Baum versteckt, als dieser Junge auf mich zukommt. Er zittert, er hat Angst vor diesem Handschuh.

Ich lüge ihn an, ohne dass er mich versteht. »Es wird nicht schlimm«, sage ich ihm. Dann zeige ich auf das Faultier, der Junge lacht, springt auf den Baum zu und pflückt das verängstigte Tier aus dem Geäst. Er reicht es mir, und ich wundere mich, wie hart ein Faultier ist, überhaupt nicht weich. Das Fell riecht nach alter Kacke, und obwohl das Tier Angst hat, sich fürchtet, lächelt es. Hier hat die Evolution keine gute

Arbeit geleistet, ich lerne an diesem Tag, dass Faultiere immer süß sind, weil sie immer lächeln, auch wenn sie Angst haben.

Später schiebt der Junge seine Hand in den Handschuh aus müden Ameisen und zittert vor Schmerz. Er versucht sich zu beherrschen. Das Oberhaupt beobachtet ihn dabei und schüttelt enttäuscht den Kopf. Dann beginnt er zu weinen. Er ist als Junge in das Haupthaus gelaufen, der gerne ein Mann sein will, und er verlässt es nun gebrochen und verletzt als Kind. Er hat es noch nicht verinnerlicht, das Erwachsensein.

Das ist nämlich der wichtige Teil der Übung. Nicht den Mut zu haben, die Hand in diesen Handschuh zu stecken, sondern nicht zu weinen.

Immer wieder wird er jetzt üben, den Schmerz als Prüfung zu verstehen, nicht als Verletzung. Er wird es so lange üben, bis er nicht mehr das Faultier sieht, nicht mehr in den Fluss springt, nicht mehr in den Wald geht, um Käfer zu sammeln. Er wird sich so lange von Ameisen stechen lassen, bis er nicht mehr weint. Bis der Schmerz ihn traurig gemacht hat, bis er durchstehen kann, was Erwachsene als erwachsen definieren.

Egal, wo ich bin, ich beobachte im Umgang mit Kindern immer das Gleiche. Der Junge vom Amazonas unterscheidet sich wenig von den Kindern im Irak, er unterscheidet sich wenig von den Kindern im Kindergarten in Prenzlauer Berg. Langsam und stetig erhitzt die Wirklichkeit die Gemüter der Kinder, bis sie nicht mehr können und ihre Freude ablegen.

Worin sie sich unterscheiden, diese Kinder, auch von meiner Kindheit, ist der Verlauf dieses Prozesses. Die Kinder im Irak verloren ihre Freude über Nacht, der Junge wurde darauf vorbereitet, und ich habe es nicht gemerkt. Irgendwann ist er verbraucht, der Wille, vom Guten im Leben überzeugt zu sein. Und das ist nicht schlimm, es ist einfach normal.

Nach der Irakreise treffe ich meine Eltern wieder an der Kreuzung in Berlin. Wir treffen uns dort oft, weil meine Eltern gegenüber wohnen, aber auch, weil ich meinen Eltern gerne nahe bin, auch, weil es sich so schön nichterwachsen anfühlt, wenn meine Mutter anruft und fragt, ob ich schnell rüberkommen will, Kartoffelsalat essen.

»Ich kann nicht mehr«, sage ich. Und meine Eltern fragen nicht nach.

»Ich will nach Wiepersdorf«, sage ich nur.

08
Schönheit, wie ein gleitender Albatros

Nun wird es Nacht in Bagdad. Endlich, denke ich, aber nicht, weil es sicherer wird, sondern vielleicht kühler.

Zwei Alarme haben wir ertragen und einen Raketenangriff auf die amerikanische Botschaft, mit einer selbst gebauten Rakete, gestartet irgendwo in Bagdad, in der Hoffnung, amerikanische Soldaten zu töten. Sie hätte überall landen können, sollte aber nur die 100 Meter Luftlinie entfernte Botschaft treffen. Sie ist an der Botschaftsmauer explodiert und hat einen schwarzen Schatten aus Ruß an die Wand gemalt. Niemand ist gestorben, niemand wurde verletzt.

Es ist eine schöne Nacht, der Himmel klar, ich sitze auf einem Plastestuhl hinter hohen Mauern eines sogenannten Safehouse, ein Ort, an dem sich gefährdete Menschen sicher fühlen können. Höre im Hintergrund Söldner auf Deutsch darüber reden, was es wohl morgen zu essen geben wird. Ein irakischer Koch bereitet ein Dessert vor. Es riecht nach geschmolzenem Zucker, nach warmem Sand, nach dem Speichel des Schäferhundes, dem ich unentwegt einen feuchten Ball zuwerfe, und nach Michaels Zigaretten. Ich strecke die Beine aus, drücke die Knie durch und lege die schusssichere Weste ab. Mein T-Shirt ist durchgeschwitzt. Ich nehme meine Kopfhörer, ein Buch und fange an zu lesen. Ich lese immer und überall. Ich habe irgendwann das Telefon, das mich zwischen dem Hier und meiner Heimat hin und her reißt, durch Bücher ersetzt. Wenn ich aus der Realität flüchten will, dann lieber in die Gedanken eines anderen Menschen als in die Welt des Internets.

Hier komme ich zur Ruhe. Ziehe an meiner E-Zigarette, esse Kaubonbons, die ich mir in einer Art Späti gekauft habe zwischen Waffen, Söldnern, inmitten der lebensbedrohlichen Stadt, die für Ausländer nur zwei Bezirke kennt. Die Green Zone und den Rest.

Ich drehe mich zum kleinen Menzel. Es ist der Anfang einer Reise vom Süden des Iraks in den Norden und dann nach Syrien. Wir werden die kommenden fast vier Wochen gemeinsam verbringen. Auf dieser Reise werde ich wieder Erfahrungen machen, die für die meisten Europäer fremd, aber für viele Menschen im Rest der Welt Normalität bedeuten. Und auch auf dieser Reise wird etwas geschehen, das mich verändern wird.

»Es ist schön hier«, sage ich zu Michael. Er beugt sich zu mir, umarmt mich verschwitzt. Ich umarme ihn meinerseits fest, obwohl ich das üblicherweise nicht mache, aber den kleinen Michael in all seiner freundlichen Weichheit, den umarme ich gerne. Manchmal drücke ich sogar ein Küsschen in seinen Bart.

Sein Gesicht ist rot von der Sonne, seine Haare platt vom Basecap, das er als Kameramann den ganzen Tag getragen hat. Er hat, wie immer, ein zu enges T-Shirt an, das von seinem Schweiß nass ist. Er ruht sich aus. Wie ich.

»Ich bin froh, dass wir das zusammen erleben dürfen«, sage ich.

Michael sieht mich an. »Ich auch.«

Wind kommt auf, und dieser warme Wind trocknet unsere Haut, trocknet unsere Gedanken, ein Hund bellt, irgendwo hupt ein Auto.

»Wollen wir morgen schwimmen gehen?«, frage ich Michael, und er lächelt.

»Was meinst du, wozu ich meine Badehose mitgenommen habe?«, fragt er mich.

Wie ich noch das Schöne im Leben erkennen kann, ist eine Frage, die ich mir oft stelle, die mir oft gestellt wird. Auch wenn die meisten Menschen nicht wissen, was in meinem Kopf vorgeht, wie er verarbeitet, was er erlebt, gehen doch viele davon aus, dass in mir, in meiner Seele eine große Schwärze existieren muss.

Dem ist nicht so. In meiner Seele existiert nicht mehr Schwere, mehr Dunkelheit als in anderen Menschen. Ich bin und funktioniere genauso wie ein Versicherungsangestellter, wie ein Kassierer bei Edeka, eine Ärztin, eine Taxifahrerin. Das zielt nicht auf die Berufe, ich will damit sagen: Mein Leben mag anders funktionieren als das der meisten, aber so wie ich mich sehe, so wie ich mich wahrnehme, unterscheide ich mich nicht. Ich weiß, in meinem Leben reihen sich die traumatisierenden Erlebnisse nur so aneinander. Das Leid, das wir erfahren, mag von unterschiedlicher Intensität sein, aber auf die Seele wirkt es gleich. Ein vom Burn-out zersetzter Kassierer unterscheidet sich nicht von mir, wenn mir eine posttraumatische Belastungsstörung den Lebenswillen nimmt.

Ich suche und finde das Schöne, immer und überall, egal, wo auf der Welt ich bin. Und ich habe mir dafür Mechanismen zurechtgelegt, Methoden, um diesem Schwarz, der Gewalt, dem Schmerz keinen zu großen Zutritt zu meinen Empfindungen zu lassen. Einer davon ist schwimmen.

Der kleine Michael spielt jetzt im Hof mit einem Hund. Heute am Tag waren es 47 Grad, und ich habe Männer dabei beobachtet, wie sie in Anzügen vor einem alten Hubschrauber standen, in dem der saudische Botschafter im Irak weggeflogen wurde. Wir waren im Konvoi gepanzerter Autos unterwegs, die Scheiben ließen sich nicht öffnen, und so konnte ich die Geräusche dieser Stadt nicht hören, ich nahm diese Stadt nur durch scheußlich getönte Scheiben wahr.

Ein Riesenrad, das mich an das Oktoberfest denken lässt. Ein Denkmal aus gekreuzten Säbeln, der Platz, an dem die berühmte gestürzte Statue von Saddam Hussein stand. Ich fühle mich dieser Stadt, obwohl sie so hässlich ist, sofort verbunden.

Ich bin hier für eine Geschichte, die wir recherchiert, aber nie veröffentlicht haben. Wir begleiten Personenschützer im Irak, seltsame Menschen, deutsche Soldaten, die in Kriegen überlebt, aber zu Hause alles verloren haben und deswegen Söldner wurden. Sie mögen diesen Begriff nicht, ich benutze ihn trotzdem. Menschen, die nichts anderes kennen als die sorgsam vorbereiteten Tage durch Vorgesetzte. Die aufstehen, weil sie aufstehen müssen, die ihre Socken falten, weil sie das so gelernt haben, die ihre Waffen streicheln wie den Oberschenkel eines geliebten Menschen. Ihre Blicke voller Zärtlichkeit, wenn sie Klimmzüge in der orangenen Nacht von Bagdad machen.

Wir verbringen viel Zeit mit ihnen, weil ich möchte, dass meine Gesprächspartner sich öffnen.

Ich habe kein Interesse daran zu hören, wie großartig sie kämpfen, verteidigen, nicht sterben. Sondern ich will von ihnen wissen, wie sehr sie ihr Leben lieben, damit sie das Leben anderer an einem der gefährlichsten Orte der Welt beschützen können. Das Leben in dieser Basis, in der viele Deutsche Deutschsein spielen, in der es ein Stück mühsam grün gehaltenen Rasen gibt, auf dem jetzt der Schäferhund nach dem kleinen Michael schnappt.

Ich bin in diesem Haus, und ich fühle mich zu Hause. Ich richte mich an jedem Ort, an dem ich mehr als eine Nacht bleibe, ein, als würde ich für immer dort leben. »This is my life now«, denke ich oft und denke dabei an das Meme aus dem Internet.

Ich in einem Zimmer mit sieben Betten, Klimaanlage und dem Rest des Teams. Wir schlafen alle zusammen. Ich finde das gut, denn ich bin nicht gerne alleine. Das Einzige in meinem Leben, das mir mehr Angst einjagt als die Möglichkeit, jemanden zu töten, ist Einsamkeit. Die einzige Angst, die ich wirklich noch habe, ist, mit meinen Gedanken alleine gelassen zu werden. Wir sitzen in diesem Safehouse und spielen Karten, ich zeichne einen Podcast auf, wir essen gemeinsam, machen gemeinsam Sport. Wir verhalten uns wie eine kleine Familie, in der jedes Mitglied seine feste Position hat. In meinem Kopf ist es die Familie, die ich wegen dieses Berufs nicht gründen kann.

Mit ihnen verbringe ich die Zeit, die ich für meine Freunde in Berlin nicht habe, Zeit, die Normalität bedeutet hier in diesem kleinen Haus in Bagdad. Mit stinkenden Socken sitzen wir und sehen Serien, lesen Bücher, vergessen, was dort draußen ist.

Diese Zimmer auf den Reisen sind wichtig. Es sind Räume, in denen ich mit Erlebtem abschließen kann. Sich an Herausforderungen, Gefahren zu erinnern bedeutet auch, sich ihrer Überwindung zu erinnern. Ich hatte immer gehofft, ein Tagebuch führen zu können, um nicht zu vergessen, um zu verarbeiten. Aber ich habe mich einfach entschieden, nicht zu vergessen, um zu verarbeiten. Ohne Tagebuch zu schreiben.

Oft liege ich im Zimmer von Martin und spiele Switch, oft gehe ich mit Flo rennen und beweise mich mit dem dünnen Michael in unnötigem Wettstreit. Und alles ist schön. All das ist nicht meine Arbeit, sondern mein Leben. Die Filme, die Reportagen, die Fotos sind ein Nebenprodukt. Ich reise nicht in den Irak, um zu arbeiten, ich reise dorthin, um zu leben, und das nenne ich dann Arbeit.

Fünf Autos fahren uns in dieses Schwimmbad mitten in Bagdad. Es befindet sich in einem Hotel, in dem Botschaften untergebracht sind. Ein großer, alter, britischer Pool, seltsame 33 ½ Meter lang. 50 Dollar bezahlen Menzel und ich Eintritt. Neben uns schwimmt die koreanische Botschafterin, umringt im Wasser von Sicherheitspersonal. Am Rand noch mehr Sicherheitspersonal. Aber ich interessiere mich nicht dafür, ziehe stoisch meine Bahnen, während Menzel probiert, wie lange er die Luft anhalten kann.

Wir werden später am Beckenrand Cola ohne Zucker trinken, und ich werde nie vergessen, dass ich in Bagdad schwimmen war. So wie ich in Usbekistan, in Bangladesch, in Tadschikistan, in Japan, in den USA, in Mexiko und unzähligen anderen Ländern die Schwimmhallen aufgesucht habe.

Zwei Kilometer Ruhe. Vier mal 500 Meter. Brust und Kraul für die Freiheit in meinem Kopf. Das Tagebuch, das ich schreiben wollte, schwimme ich, denn die Schwimmbäder vergesse ich nicht. Ich habe die Namen, die Gesichter unzähliger Menschen vergessen, die dramatischen Geschichten. Ich erinnere mich nicht mehr an Momente, in denen ich geweint habe, aber ich erinnere mich an den Geruch von Chlor in der Ukraine und wie ich zusammen mit einem ukrainischen Kollegen versucht habe, 20 Kilometer vom Frontverlauf eine Schwimmhalle zu finden. Nachts fuhren wir in seinem Toyota 4×4 durch den Winter. Kräftige Schwimmmeisterinnen verboten uns den Zutritt zu großen Hallen mit sozialistischen Wandmosaiken, auch nach Bestechungsversuchen und ukrainischem Liebesgeflüster.

Es sind immer die kleinen Momente, die mich an das Schöne in der Welt glauben lassen. Die chlorroten Augen im Konvoi auf dem Weg zurück mit Menzel ins Bagdader Safehouse. Die Pommes mit Ben in Bangladesch, nachdem wir durch das schmutzigste Becken meines Lebens geschwommen waren. Der Spaziergang mit Martin in El Salvador. So viele dieser kleinen Momente.

Während ich all das hier schreibe, sitze ich in der Uckermark in Nordbrandenburg und versuche mich zu konzentrieren. Ich blicke auf einen See, in dem ich schwimmen könnte, hinter mir ein Wald, in dem ich laufen könnte, ich hätte auch die Möglichkeit, Playstation zu spielen oder zu lesen. Ich mache nichts davon. Ich bin still, schlafe lange, lege mich auf die Couch, öffne das Fenster zum Garten dieses mietbaren Gutshauses und decke mich zu, wenn kalte Luft hereinkommt.

Ich hatte wenige dieser kleinen Momente in den letzten anderthalb Jahren, weil die Corona-Pandemie mich davon abhielt, ins Ausland zu gehen. Ich musste mich daran gewöhnen, in Deutschland zu sein, ruhig zu machen. Vor allem musste ich mich daran gewöhnen, die kleinen Dinge in Deutschland zu finden. Und ich habe große Schwierigkeiten damit. Ich finde sie nicht.

Es kostet mich sehr viel Kraft, dieses Kapitel zu schreiben, weil mir nichts einfällt, wovon ich berichten könnte. Zum ersten Mal in meinem Leben hat eine Katastrophe auch zu Hause stattgefunden. Natürlich ist eine Pandemie nicht vergleichbar mit einem Krieg, mit Terror oder einer von Gangs beherrschten Gesellschaft. Trotzdem hat SARS-CoV-2 einen großen Riss in die Gemüter gezogen, in Deutschland, Europa, der Welt. Wir haben etwas erlebt, das uns kollektiv erschöpft hat und uns den Blick aufs Schöne verstellt. Es ist das erste Mal, dass ich davor nicht fliehen kann.

Wenn ich in Bagdad bin, wenn ich mit Menzel im Vorgarten sitze, plane, ob wir am nächsten Tag schwimmen gehen, dann ist da nichts außer diesem Plan. Wer heute Reisen plant, tut das immer mit der Angst, krank zu werden oder dass etwas mit einem Mal nicht mehr geht. Diese Angst ist allgegenwärtig geworden, und sie nimmt uns den Raum, das Schöne erkennen zu können. Wir leben in einer ängstlichen, psychisch entrückten Gesellschaft. Und das erschöpft mich. Ich weiß, es erschöpft alle, ausnahmslos.

Ich muss tief in meine Erinnerungen hineingreifen, um Momente der Schönheit zu finden, diese Momente der Erholung, die selten im Urlaub, aber oft in gefährlichen Ländern einsetzen.

Ich konnte mich immer zurückziehen. Egal, wie furchtbar ein Tag war. Das Buch, das Schwimmbad, das Essen mit den Kollegen, es beruhigte mich. Und jetzt? Jetzt nicht mehr, ich nehme immer diese Krankheit mit, weil jeder Tag gleich furchtbar ist. Diese Seuche reist mit mir und legt sich wie eine Depression über mein Gemüt.

Für einen Menschen, dessen Betätigungsfeld die Welt ist, bedeutet diese Pandemie einen harten Einschnitt. Nicht härter als für die meisten Menschen, aber dennoch hart. Jeder musste lernen zu verzichten, und vor allem, jeder musste lernen, was meine Eltern in der DDR gelernt hatten: zuerst an den anderen denken, bevor man an sich selbst denkt.

Im März 2020 fielen die Türen dieser Erde vor meinen Augen zu. Türen, durch die ich immer hatte hindurchgehen können. Egal, wo auf der Welt, ich konnte hin, ich konnte berichten, ich musste nur eine Geschichte finden. Und wo Menschen sind, da gibt es auch Erlebnisse, die es zu erzählen lohnt.

Zu diesen Menschen kam ich nun nicht mehr. Und ich wusste nicht, was ich mit mir anfangen sollte. Während alle anderen Bananenbrote backten, neue Sprachen lernten, ihre Gärten pflegten, so als würden wir jetzt schon wie unsere Eltern sein wollen. Als würden wir die Phase des allmählichen Verspießerns überspringen und direkt spießig sein. Als würden wir alles ablegen, was wir als cool empfinden, nur weil

Pandemie ist. Dieses Land zog kollektiv seine Trainingshose an, aber nicht mehr aus.

Ich lag in diesem sonnigen März auf dem Rücken und musste mich seit über zehn Jahren das erste Mal mit mir selbst beschäftigen. Plötzlich war da der Sommer, die Jahreszeiten. Meine Familie, Vater, Bruder, Mutter, meine Freunde, meine Partnerin. Ich konnte meine Wirklichkeit nicht mehr in die Wirklichkeit fremder Länder, fremder Kriege verlagern. Erst als ich zu Hause war, konnte ich nicht mehr erkennen, was schön ist.

Das ist ein Gedanke, der mir Angst einjagt, weil ich weiß, ich kann diesen Beruf, so wie ich ihn jetzt ausübe, nicht immer machen. Was stelle ich mit mir an, wenn ich zu Hause bleiben muss, weil ich alt bin? Was tue ich, wenn ich ersetzt werde, was, wenn ich keine Ideen mehr habe, keine Energie, mit Menschen zu sprechen? Ich weiß es nicht, ich weiß aber seit März 2020, wie es sich anfühlt, vor solchen Fragen zu stehen.

Er rennt einfach ins Wasser, ohne abzubremsen, als kenne er keine Angst. Ein dürrer Mann mit schlechten Zähnen und deutlichen Adern auf den Unterarmen. Ich arbeite seit zwei Wochen mit ihm zusammen. Weil er mir seine Heimat zeigen möchte und weil ich auf der Suche nach Tätowierungen bin, den ersten Tätowierungen, die sich Menschen zugefügt haben.

Ich bin 40 Flugstunden von zu Hause entfernt, in Samoa. Dieser winzige Staat springt über die Datumslinie wie Kinder auf dem Schulhof über ein Gummiseil. Manchmal ist in diesem Land heute, manchmal aber auch gestern.

Wir sind auf der größeren der beiden Hauptinseln, die wenig besiedelt ist. Und ich habe Zeit, richtig Zeit. Ich wache nicht auf mit schnell schlagendem Herzen, um sofort die Kamera zu greifen, das Notizbuch, sondern ich wache auf, weil die Geräusche dieses Landes mich wecken. Ich habe zum ersten Mal Zeit, genau hinzusehen, am schönsten Ort, den ich je besucht habe. Hier, an der Datumsgrenze, gibt es alles, was ich will. Ruhe, Abwesenheit von Krieg, Urwald und Insekten und das Geräusch von Meerwasser, das gegen schroffe Küsten schlägt.

Es ist nicht so, dass ich in Samoa leben wollen würde. In Island, in Tokio würde ich leben wollen, aber nicht hier. Hier will ich nur sein und wieder abreisen. Was nützt der schönste Ort der Welt, wenn ich keine Sehnsucht nach ihm haben kann? Erst wenn ich etwas vermisse, kann ich mich danach verzehren. Wenn ich schwach bin, traurig, erschöpft, und das bin ich in den letzten Monaten oft gewesen, dann denke ich mich nach Samoa. Dann ist da diese Sehnsucht. Dann wünschte ich, ich wäre Robinson Crusoe oder wenigstens Robert Louis Stevenson, der sich zum Schreiben und Sterben nach Samoa zurückzog.

Auf der Insel, besonders im Hauptort Salelologa, ist die Zeit stehen geblieben. Es fühlt sich alles an, als wäre es 1975. Als ich durch die Straßen laufe, fühle ich mich in eine Zeit versetzt, in der Landesgrenzen die Grenzen des eigenen Horizonts sind. Fahnen wehen, Geschäfte verkaufen Nahrungsmittel und Schrauben ohne Verpackung. Es fahren wenig Autos, es sind wenig Menschen auf der Straße, in einem Hinterhof übt eine Kapelle die Nationalhymne. Die Fahne des Landes wird gehisst. Diese Welt wirkt auf mich, als würde ich sie durch eine Glasscheibe betrachten. Alles ist dumpf, alles ist leiser hier.

Die Vorstellung, als Deutscher an der Rückseite des Erdballs stattzufinden, verwirrt mich. Es raubt mir den Atem, wie verkehrt die Welt hier ist. Selbst das Sonnenlicht ist verkehrt, der Schatten kommt von der falschen Seite, das Licht ist grell und weiß. Der Jetlag hält ewig, und so schwimme ich durch diese Realität. Ich atme jede Sekunde ein, die Erschöpfung dieser weiten Reise lässt mich alles wie im Traum empfinden.

Der Mann am Strand springt in die Wellen, er trägt eine Harpune mit sich, und ich sitze im Sand. Im Hintergrund eine große Kathedrale mit zwei Türmen wie Notre-Dame in Paris, nur dass an dieser weißen Kathedrale die tropischen Stürme des Pazifiks zerren. Auf Samoa gibt es solche Kirchen in jedem Dorf, egal, wie viele Einwohner es hat. Von außen wirken sie imposant, sie sind ungehörig, weil es auf dieser Insel nichts gibt außer Natur und ebendiese Gebäude, die aus dem harten Material einer Idee gebaut sind und die Wirklichkeit der katholischen Kirche zementieren. Innen ein paar Holzbänke, und jeden Sonntag kommen die Dorfbewohner, die beten, nein, die glauben.

Der Wind rauscht, und weil wir alleine am Strand sind, ziehe ich den Bauch nicht ein. Ich esse Früchte und eine im Feuer gebackene Taro. Sie glänzt in der Sonne, und trotz 35 Grad Hitze esse ich diese Knolle mit weißem Fleisch. Es ist ein köstlicher Moment. Einer, der nie enden soll. Einer, der sich in meine Gedanken legt, so wie der Geruch des Jungen aus El Salvador. Er sortiert sich ein in die Liste der besonderen Erlebnisse meines Lebens.

Ich lese hier keine Nachrichten, weil ich kein Netz habe, ich lese nur Bücher und blicke lange in das Grün des Urwaldes oder das Blau des Himmels oder das Weiß des Strandes. Zum ersten Mal seit langer Zeit bricht hier wieder die Verschwommenheit meiner Wahrnehmung auf. Die Welt ist grün, blau, weiß. Und es macht mich glücklich. Der dünne Mann springt in die Wellen wie ein alter Delfin, sticht zu, er winkt mir. Ich winke zurück, er hebt seinen Daumen, er hat Fische gefangen, die wir essen werden.

Es ist der perfekte Ort. Ich habe ihn gefunden, in meinem Blickfeld sehe ich ein Haus auf Stelzen, das im Meer steht bis ran an die Korallen, die verhindern, dass die Wellen alles wegreißen, wenn es stürmt. Ich blicke von diesem Haus in den Pazifik und darüber hinweg.

Ich weiß, dass wir Corned Beef brauchen, stehe auf, schlage mir den Sand von der Hose und gehe barfuß über eine Straße an einen Kiosk. Kinder, die schulfrei haben, kaufen sich Eis, lachen, ich lache unsicher zurück. Weil ich nie weiß, wie ich Kinder anlachen soll. Weil es mich verwirrt, dass Kinder einen Menschen oft mit einem Lächeln begrüßen. Das habe ich verlernt.

Ich kaufe das salzige Fleisch in der Dose und eine Dreiliterflasche Cola, gehe zurück. Der dünne Mann zeigt mir seinen Fang, und ich zucke mit den Schultern, weil ich das Gefühl habe, er hat Aquarienfische gefangen. Ich bin mir nicht sicher, ob ich es schaffe, einen Clownfisch zu essen. Dann doch lieber Dosenfleisch, das so tut, als wäre es aus Rinderresten hergestellt.

Inmitten einer Gruppe internationaler Kämpfer stehe ich vor einem Haus, das zur Übung mit einer melonengroßen Bombe gesprengt wurde. Wir lachen. Wir scherzen über Bomben und Penisse, über Männer, als ein Funkspruch eintrifft. Funksprüche kommen hier als WhatsApp-Nachricht.

In einem irakischen Nachbarort hat sich ein IS-Kämpfer in die Luft gesprengt, zehn weitere haben genau das Gleiche vor. Die Männer um mich, diese Einheit der Internationalen, sollen sie finden. Und eliminieren. Sollen ihre Geschichte beenden.

Ich ziehe hektisch meine Weste an, suche meinen Helm. Die Männer lachen, weil wir, wir Deutschen, die Einzigen sind, die eine Weste oder einen Helm tragen.

Ein Mann mit Schnauzbart, der an der Erschießung von Osama bin Laden beteiligt gewesen sein will, der mir am Vorabend mit irrem Blick erzählt hat, wie er im Staub dieses Landes einen gepfählten Mann zu operieren versuchte, erfolglos, der Mann starb trotzdem, dieser Schnauzbärtige, der da drei, vier Meter neben steht, hebt plötzlich seine AK-47. Und ich lache ihn an. Und wundere mich.

»Was ist los?«, will ich wissen.

Michael steht neben mir. Wir blicken in den Lauf dieser Waffe. Und dann drückt dieser Mann ab. Ich sehe seinen Schnauzbart beben. Das Geräusch, das ich aus der Ferne kenne, ganz nah. Mein Gehirn spult ein Programm ab.

Ein kleines Feuer brennt, die bunten Fische verlieren in den Flammen ihre Farbe, und der dünne Mann erzählt mir die Geschichte der Tätowierungen in Samoa. Eine dramatische, eine traurige Geschichte zweier Inseln, getrennter Menschen und nicht erfüllter Liebe. Eine Geschichte von Verpflichtungen und Pflicht.

Er erzählt mir, dass viele Touristen mit den heiligen Motiven ihrer Kultur auf der Haut hierherkommen. Sie würden hier baden, Bier trinken und wieder abreisen. Die Geschichte würden sie nicht kennen.

»Ich will so ein Tattoo«, sage ich unsensibel, und der Mann lächelt mich an und sagt, er würde mir ein Buch besorgen, in dem die echten, die alten Motive abgebildet sind.

Als es Nacht wird, verlassen wir endlich den Strand. Ich kann den Blick nicht von diesem friedfertigen Meer abwenden, von den Albatrossen, die ungehobelt am Strand laufen. Ich atme tief, atme schwer aus, als ich einen Albatros im Nachthimmel fliegen sehe. Ein urzeitliches Tier mit riesiger Spannweite, das niemals mit den Flügeln schlägt, sondern nur gleitet.

Ich denke nicht selten an diesen Vogel. Der in seinem Leben Millionen Kilometer segelt. Menschen haben Angst vor Albatrossen.

Mein Ohr fiept, als das Projektil neben meinem Kopf in einer Lehmmauer Staub aufwirbelt. Ich schreie auf, mehr schaffe ich nicht. Diese Situation brennt sich als eine Haupterinnerung in mein Gehirn ein. Ich spüre das. Und denke, in diesen lebensverändernden Millisekunden, warum ich? Warum passiert das mir?

Freunde im selben Alter haben andere Haupterinnerungen. Sie erinnern sich an das Gefühl im Kreißsaal, als das Kind geboren wird. Sie erinnern sich an das erste Mal Ecstasy und an vergiftete Küsse. Ihnen brennt sich ein, wenn sie das erste Mal ein gutes Gehalt erhalten, wenn sie den Vertrag für ihren Wohnungskredit unterschreiben. Es gibt so viele Erinnerungen, die sich mir nie einprägen werden, nicht weil ich sie nicht auch habe, sondern weil sie mir weniger bedeuten. Weil sie niemals das gleiche Gefühl auslösen können wie ein sich lösender Schuss und ein zehn Zentimeter neben meinem Kopf in die Wand einschlagendes Projektil.

Kein Gefühl der Welt ist stärker als die Angst zu sterben, die Angst vor dem Tod durch Kupferkügelchen, schneller als der Schall. Doch ich kann den Tod noch hören, deshalb lebe ich noch. Ich greife Menzel in die Weste, zerre ihn hinter das Gebüsch, er wird später denken, ich hätte ihn als Schutzschild benutzen wollen. Wir haben darüber gelacht, und ich habe widersprochen, ich wollte ihn natürlich retten.

Aber sicher bin ich mir nicht, in stillen Momenten. Nicht der Schuss hat eine Narbe in meine Seele gerissen, sondern der Gedanke, Menzel benutzt zu haben, um nicht selber sterben zu müssen.

Drei Striche, zwölf Punkte. Ich zeige auf das Buch, im Garten von Robert Louis Stevensons Haus. Ein deutscher Anthropologe hat im 19. Jahrhundert die Tattoos der Samoaner gesammelt und aufgezeichnet. Der dünne Mann mit den Adern auf dem Arm sagt, sie wären verschwunden, hätte er das damals nicht getan. Die Samoaner erzählen sich ihre Geschichte, sie schreiben sie nicht auf.

»Dieses Tattoo möchte ich«, sage ich.

»Aber es ist für Frauen«, sagt der Mann, und ich bin fest davon überzeugt, dass es mir egal ist.

Ich sitze in diesem Garten, nach fast zwei Wochen in der wilden Einsamkeit dieser Insel. Die Schönheit hat keine Risse bekommen, obwohl ich jetzt mehr weiß als noch am Anfang meiner Reise.

Der Mann hat mir am Strand von seiner Insel erzählt. Von der Einsamkeit, vom Gefühl, dass der Rest der Welt sich nicht für einen interessiert, und davon, dass man sich auch nicht für den Rest der Welt interessiert. Er erzählte mir vom Chrystal Meth, das die Jugend hier fest im Griff hat, und vom Zucker, der die Erwachsenen zu kranken, dicken Menschen macht. Er erzählte mir vom Verschwinden seiner Kultur, vom Verschwinden seiner Bräuche. Vom fehlenden Bedauern, wenn die eigene Geschichte im Rauschen der Vergangenheit untergeht.

»Was bleibt, sind die Tattoos«, sagt er. Samoa exportiert Rugby-Spieler. Und Tattoos. »Komm«, sagt er und macht ein Foto vom Tattoo. »Wir suchen einen Künstler, der es dir sticht.«

Ich verstehe den Schatten dieses Ortes unter der andauernden Sonne des Pazifiks. Ich verstehe diese Welt immer besser. Es ist ein kindlicher Gedanke, dass Schönheit nur da gedeihen kann, wo auch das Hässliche existiert, anders würden wir die Schönheit nicht erkennen, denn sie ist nur ein

Kontrast und keine Tatsache. Ich kann den Kontrast in Samoa spüren, im scharfen Licht dieses Landes wird er deutlich. Manche Orte scheinen so vollkommen, dass ich sehr genau hinsehen muss.

Das stille Leid der Samoaner erreicht uns Besucher nicht. Weil wir wieder gehen, diese Orte und ihre Menschen zurücklassen. Und manchmal, da kommen die Menschen und nehmen etwas mit. Wie dieses Tattoo auf meinem linken Unterarm, das mir nicht zusteht. Aber ich habe es trotzdem. Es erinnert mich daran, dass wir Menschen nicht anders können, als Raubbau treiben.

Es erinnert mich an die Tränen des Mannes, als ich ihm das Tattoo in diesem Buch zeige. Er musste das Werkzeug ändern, weil dieses Tattoo mehr als 100 Jahre nicht mehr gestochen wurde. Während die Kultur der Samoaner ein popkulturelles Phänomen wurde, die großen, geschwungenen Wellen auf den Armen, die riesigen Muster über die Brustkörbe fitnessstudiogestählter Mitteleuropäer, die süßen Muster auf den Oberarmen von Frauen.

Nichts davon erzählt, was hier verschwindet. Die Schönheit ist von kurzer Dauer. Denn das Meer steigt, sagt der Tätowierer, und dann ist die Kultur irgendwann verschwunden. Und die Samoaner. Die Männer, die sich ihre Bauchnabel mit Tinte und Nadel schwarz färben, bis sie in Ohnmacht fallen, die ihre Körper vollständig tätowieren, manche sterben daran. Die Frauen, die ihre Oberschenkel mit feinen Linien markieren, ihre Hände und Arme. Die wenigen, die es noch machen, erinnern daran, wer sie mal waren.

All das erzählt er mir, als er meinen Arm tätowiert. Drei Striche, zwölf Punkte.

»Weißt du, was es bedeutet?«, fragt mich der Mann, der im Schneidersitz ruhig neben mir sitzt, in der Hand den Bambusstock mit Nadel. Mit zusammengekniffenen Lippen ertrage ich den Schmerz. Den Schmerz seiner Erzählung und den in meinem Arm.

»Es ist die Schöpfungsgeschichte«, sagt er. »Drei Bäume wurden gepflanzt, und aus diesen drei Bäumen sind zwölf Raupen gefallen. Die ersten Samoaner sind aus diesen Raupen entstanden.« Erzählt er mir.

»Schön«, denke ich.

Ich zittere vor Kälte, als ich auf dem Dach der gleichen kurdischen Kämpfer liege, die noch vor wenigen Stunden auf mich geschossen haben. Ich bin erschöpft wie noch nie. Das Adrenalin des möglichen Todes rauscht durch meinen Körper, hält mich wach. Die gleiche Unruhe habe ich nach meinem Pilzrausch in Mexiko empfunden. Es ist unmöglich einzuschlafen.

Der Tag hatte zu viele Eindrücke. Dieser Schuss, der Gedanke »Was, wenn er sich verrechnet hätte? Wenn ich mich bewegt hätte?«, immer wieder dieser Gedanke. Die anschließende Jagd der IS-Kämpfer in einem Pick-up, der sich durch die Landschaft kämpft. Meine gebrüllte Frage, nachdem wir die Straße verlassen haben und querfeldein nach diesen Kämpfern suchen, ob es denn hier nicht Minen gebe. »Ja«, sagt der Mann, der auf mich geschossen hat. »Was, wenn hier eine hochgeht?«, frage ich, ohne Angst, die hatte ich an diesem Tag verloren. »Dann sterben wir eben zusammen«, seine Antwort.

Irgendwann hielten wir auf dem Kamm eines von der Sonne verbannten Hügels. Unzählige kurdische Kämpfer plötzlich mit uns, als ich den Schuss hörte, der wieder einen Menschen tötete. Später wurde mir ein Foto gezeigt. Der Tote sah aus wie ein aufgeschnittenes Würstchen.

»Ja, tot«, sagte ich.

»Ja, endlich«, sagte einer der Kämpfer.

Ich liege auf diesem Dach im Irak, und das Adrenalin hört nicht auf, mich wach zu halten. Ich habe mir auf diesem Dach ein kleines Nest gebaut, ein Klappstuhl, den ich immer dabeihabe, ein Klappbett, das ich auch immer dabeihabe, und der passende Tisch. Ich liege in der Nacht und lasse mich von der wilden Dunkelheit zudecken. Doch ich bin so wach wie noch nie in meinem Leben.

Es kann auch nicht aufhören. Der Himmel ist so schwarz und so klar. Und ich sehe zum ersten Mal türkische Drohnen lautlos durch den Himmel gleiten. Ich weiß, irgendwo in der Türkei sitzt jetzt jemand und sieht mich, wird sich fragen, wer dort so dämlich ist, auf dem Dach zu schlafen.

Ich bin so dämlich, weil ich nicht in dieses Haus aus Lehm will, weil ich unter diesem freien Himmel schlafen will.

Die Drohnen machen ein eigenwilliges Geräusch, wenn sie den Nachthimmel durchpflügen. Sie schneiden leise die Luft und ziehen dabei Bahnen. Ich erkenne die langen Flügel, die eine Drohne niemals schlagen muss, um vorwärtszukommen.

Wie ein Albatros, denke ich. Dieser unheilbringende Vogel.

Vor Drohnen aber fürchten sich die Menschen mehr.

09

Träumen, dieses
ungehörige Gefühl

ls die Sonne in Pjöngjang aufgeht, bin ich schon lange
wach. Sich zuzudecken und die Augen zu schließen
kam mir wie etwas Verschwenderisches vor. Deswegen sitze
ich müde auf einem Stuhl am Fenster meines Hotelzimmers
und blicke hinaus. Das Zimmer ist ungewöhnlich groß, doch
der Platz wird schlecht genutzt. Ein Tisch, ein gläserner
Aschenbecher, ein Röhrenfernseher, wie früher. Das Bett hat
ein Radio im Kopfteil. Die Einrichtung dieses Raums kennt
jede Braunnuance.

Ich bin still, aber nicht weil angeblich alle Zimmer abge-
hört werden, sondern weil ich beeindruckt bin. Immer wieder denke ich: »Ich bin in Nordkorea.« Niemals hätte ich gedacht, dass ich hierhin reisen kann. Als Journalist, als West-
ler, als Kapitalist. Es ist so unglaublich, weil ich es immer
wollte. Und noch viel unglaublicher ist, wie einfach es war. In
Peking lassen sich Reisen in die Volksrepublik buchen. Das
war's.

Es ist genauso, wie ich es mir vorgestellt habe. Selten hat
sich die Fantasie mit der Wirklichkeit so gedeckt. Vielleicht
auch, weil dieses Land unmöglich ist. Dieses Land darf eigentlich nicht mehr sein. Es ist ein Phantomstaat.

Es riecht muffig nach Lehrerzimmer, nach feuchtem
Aschenbecher, das Fenster einen Spalt zum Lüften geöffnet,
ändert nichts daran. Die Luft riecht nach Ost-Berlin im Winter, nach Holzkohleofen. Das Hotel steht auf einer kleinen

Insel mitten im Taedong-Fluss, der sich dunkel und ohne Unruhe durch die Stadt schiebt. Ich trinke dünnen Filterkaffee und kann nicht aufhören, diese Stadt anzusehen. Die Prachtbauten, den Triumphbogen, drei Meter höher als der Bogen in Paris, das hohle Hotel in der Mitte der Stadt, in dem niemand wohnen kann, weil das Geld nur für eine Fassade gereicht hat. Die leeren, riesigen Magistralen, die Straßen, auf denen Taxis und wenige andere Autos fahren. Auf denen Frauen als Ampel arbeiten, nur Frauen. Sie wurden in strengem Blick ausgebildet, mit diesem strengen Blick leiten sie den Verkehr.

Ich kann nicht aufhören, diese Stadt zu betrachten, weil sie mich an meine Kindheit in den Achtzigerjahren erinnert, an die Karl-Marx-Allee, den hässlichen und lebensverachtenden Alexanderplatz, den Fernsehturm in all seiner nutzlosen Pracht. Der Geruch der Straßen ist hier gleich, der Blick in den Augen der Menschen auch. Als Besucher, der im Sozialismus aufwuchs und in einer kapitalistischen Gesellschaft erwachsen wurde, erwarte ich das Unglück der falschen Versprechen. Ich kenne die Versprechungen beider Systeme und weiß, der Blick der Menschen bleibt gleich.

Weil sich Nordkorea in den letzten Jahren langsam geöffnet hat, sind immer mehr westliche Menschen in dieses Land gefahren, haben es besucht, Geschäftsbeziehungen aufgebaut. Und viele wunderten sich, machten sich lustig darüber, wie sich die Bewohner in diesem Fantasiesozialismus eingerichtet haben. Man verfasste humoristische Beschreibungen dieses Landes, hielt das System, fälschlicherweise, für Kommunismus, warnte, richtigerweise, immer wieder vor dem tödlichen Handgriff der Kims.

Aber ich sehe das nicht. Ich kann es nicht sehen, westliche Besucher dürfen die Düsterheit nicht erkennen, sie wird ihnen nicht gezeigt. Und ich weiß trotzdem: Es gibt sie.

Ich streife durch die Straßen von Pjöngjang, lasse mich treiben durch diese aus der Wirklichkeit gefallene Stadt. Männer in Uniformen grüßen mich, Frauen mit akkuraten Frisuren und noch akkurateren Röcken lächeln mich an. Ich halte an Kiosken, kaufe mir ein Eis, das rosa ist, aber keinen Geschmack hat. Ich kaufe mir nordkoreanische Zigaretten und rauche sie, bis ich husten muss. In speziellen Läden für Besucher kaufe ich mit Dollars Briefmarken, Souvenirs, Tageszeitungen, in denen Kim Dinge anstarrt. »Kim looking at things«, ich sehe das Meme in echt, und es ist nicht mehr lustig. Weil hier das Motto ein anderes ist: »Kim is looking at you.«

Straßenbahnen fahren auf gebogenen Schienen durch die Innenstadt, gefüllt mit noch mehr Menschen, die akkurate Frisuren haben, mit noch mehr Männern in Uniform. Im Hintergrund die Hochhäuser. Keine Plattenbauten, Hochhäuser aus Ziegeln, ich weiß das, weil manche Wände nicht getüncht sind. Jede Sekunde wach ist eine Erinnerung mehr. Ich will sie alle haben.

Ich stehe auf diesen Prachtplätzen, auf denen sonst Panzer fahren, und bin allein. Ich bin nicht einsam, sondern einfach nur allein in dieser Stadt. Ich treffe kaum Menschen, treffe kaum andere Touristen, selbst das Yanggakdo-Hotel, mein Hotel, ist leer. Es ist ein leeres Land, das von Menschen bewohnt wird, die mir nicht fremd sind. Ich kenne ihre Geschichten, ohne mit ihnen gesprochen zu haben. Und ich fühle mich sicher. Ich fühle mich in diesem Land so unendlich sicher wie an keinem anderen Ort der Welt. Denn die Regeln sind klar: Beleidige nicht den Führer, sei kein westlicher Spion. Welches Land kommt mit so wenigen Regeln aus?

Und während ich in meinem Hotel am Fenster sitze, frage ich mich, wie ich den Führer beleidigen sollte. Ich könnte es tun wie Otto Warmbier, der US-Student, der ein Propagandabanner stehlen wollte und ins Gefängnis kam, durch eine Lebensmittelvergiftung ins Koma fiel und starb. Der sein Leben gab, weil er besoffen in ebenjenem Hotel, in dem ich mich befinde, ein Plakat von der Wand riss, in der geheimen dritten Etage dieses Hotels, zu der eigentlich kein westlicher Besucher Zutritt hat.

Nein, das habe ich nicht vor. Und als Spion will ich auch nicht arbeiten. Ich möchte einfach hier sein, in diesem Land, das seine Bewohner leiden lässt. Und ich, wie ein Splitter, mittendrin. Ich habe nichts vor in Pjöngjang, nur gucken und mich unterhalten. Mit der Frau reden, die mich begleitet, weil ich offiziell als Journalist eingereist bin. Vor allem will ich nicht mehr den Blick von dieser Stadt nehmen.

Zum Frühstück gibt es Weißbrot, das am Gaumen klebt, und noch mehr dünnen Kaffee. Es ist April, noch kühl, die Sonne scheint in die imposante Lobby des Hotels, und die Frau, die auf mich aufpasst, sitzt in einer Nische neben dem einen Computer mit dem einen Internetanschluss, den es in Nordkorea gibt. Sie winkt, als sie mich sieht. Ich winke zurück.

»Was willst du heute machen?«, fragt sie, kichert, nimmt eine Zigarette aus meiner Schachtel und steckt sie sich an. Ich muss überlegen, Überfluss in Nordkorea. Ich könnte ins Theater, dressierte Artisten sehen. In den Staatszirkus, dressierte Bären sehen. Ich könnte ins Museum, auf ein Kriegsschiff oder mit der U-Bahn fahren.

»Ich will in den Zoo«, sage ich. »Mit der U-Bahn.« Ich weiß schon, dass diese U-Bahn aus meiner Heimatstadt Berlin ist. Nach der Wende hat die BVG die Züge der U5 an Nordkorea verkauft.

»Kein Problem«, erklärt sie. Und dann frage ich sie, ob ich später dumme Fragen über das Leben, das wirkliche Leben in Nordkorea stellen darf.

»Korea«, sagt sie.

»Was?« Ich weiß nicht, was sie meint.

»Meine Heimat heißt Korea, nicht Nordkorea«, erklärt sie mir. »Nordkorea ist ein Propagandabegriff des Westens. Wie Vietcong für die Nationale Volksarmee in Vietnam.« Dann bestellt sie einen weiteren Kaffee und steckt sich die nächste Zigarette an. Das Sonnenlicht bricht an ihrem Haar, der Lippenstift ist stark aufgetragen, ihr Lächeln ist echt.

Später wird Martin, der als Kameramann dabei ist, sagen, wir hätten geflirtet. Und ich werde ihm widersprechen. »Ich habe nicht mit ihr geflirtet«, werde ich sagen. »Ich habe nur noch nie in meinem Leben einen Menschen gesehen, in dem so viel Hoffnung steckt wie in ihr.« Und Martin wird mir zustimmen.

In diesem Land, in dem es nichts gibt außer Träume, ist Hoffnung das Wertvollste, das ein Mensch besitzen kann. Und eine kleine Solaranlage auf dem Balkon, dass wenigstens eine Glühlampe leuchten kann, wenn der Strom ausfällt.

Als sie aufsteht, sich zu mir dreht, sieht sie mich an. »Hab keine Angst«, sagt sie. »Du kannst mir jede Frage stellen, die du willst. So schlimm, wie du glaubst, ist Korea nicht.« Dann fragt sie mich, ob ich das Fenster im Zimmer offen gelassen habe, und ich wundere mich, woher sie das weiß. »Mach es wieder zu«, sagt sie. Die Abgase dieses warmen Frühlingstages würden sich im Zimmer sammeln, und nachts bekäme ich Kopfschmerzen.

Mein Bruder sitzt erschöpft neben mir im Auto. Er hat die Hände im Schoß gefaltet, den Kopf an die Scheibe gelehnt und die Augen geschlossen. Ich weiß, dass er erschöpft ist, weil er mich nicht fragt, ob ich ein neues Computerspiel bekommen habe, was ich von der PS5 halte oder welchen Film ich empfehlen könnte.

Er ist einfach still, so ruhig habe ich ihn selten erlebt.

Mein Bruder, über den ich wenig geschrieben habe, ist anders als ich. Wir lieben uns aber genau wegen unserer Unterschiede. Es gibt keinen schmerzhaften Konkurrenzkampf zwischen uns beiden um die Aufmerksamkeit der Eltern, die Liebe des Vaters, der Mutter. Wir sind so unterschiedlich, dass jeder seins machen kann und sich elterliche Anerkennung damit verdient.

Doch jetzt kann mein Bruder nicht mehr. Er hat, im Gegensatz zu mir, einen sehr sauberen Lebensweg eingeschlagen. Abitur, Ausbildung, Studium, Freundin, Wohnung. Mein Bruder führt ein konstantes Leben, eines, von dem ich träume. Zu wissen, was morgen ist, hielt ich immer für einen Segen, aber ich weiß durch meinen Bruder, dass es das nicht ist. Ihm geht es wie Sisyphos in der griechischen Mythologie. Er weiß immer schon, was er morgen zu tun hat: wieder den Felsblock hinaufwälzen. Das war seine Strafe, und auch mein Bruder scheint gestraft zu sein von der überraschungslosen Routine in seinem Leben.

Der Grund, warum ich viel über meine Eltern, meine Oma geschrieben habe, aber wenig über meinen Bruder, ist genau dieser: Es läuft doch alles. Es ist alles absehbar. Der Bauingenieur mit der Freundin, beide seit Jahren zusammen, beide freundliche, aber zum Glück spleenige Menschen, beide haben ein gutes Einkommen und somit ein gutes Auskommen. In der schön eingerichteten Wohnung gibt es Teppiche, die an der richtigen Stelle liegen, und sein Bett ist eins achtzig mal zwei Meter. Ein Erwachsenenbett. Berti, so heißt mein Bruder, kann den Käsekuchen meiner Oma backen, er trägt hässliche Pullover von Patagonia und ist immer da. Auch für mich.

Es wird keine Probleme geben. Es wird gearbeitet, der Studienkredit abbezahlt, irgendwann kommt die Eigentumswohnung, irgendwann das Kind. Der Hund ist jetzt schon da. Ein vorbildliches Leben ohne Makel, ohne einen Grund für Ängste. Zumindest sollte es das sein.

Mein Bruder ist aber ängstlich geworden und traurig. »Wie Vater«, sage ich nicht selten. Dabei ist mein Bruder erst 34. Und als großer, älterer Bruder habe ich Sorge. Es muss sich etwas in Bertis Leben ändern. Ich zwinge ihn zum Sport, weil ich will, dass er auf andere, auf gröbere Gedanken kommt. Damit er wieder etwas anderes fühlt als eine Ausweglosigkeit, die nur er versteht.

Sein Leben wünschen sich viele Menschen in Deutschland und im Rest der Welt. Es ist das Leben, das Eltern sich für ihre Kinder erträumen, und damit wirklich das Gegenteil meines Lebens. Das meine Eltern nicht schlafen lässt, weil ich in Afghanistan bin. Berti weiß, was passiert. Morgen, übermorgen, nächstes Jahr, immer. Und das erdrückt ihn, macht ihn müde, krank.

Mein Bruder, der in einer kapitalistischen Gesellschaft lebt, deren Früchte er sogar vom Baum des Erfolgs pflücken kann, hat alles. Ich bin stolz auf ihn, dass er alles haben kann, alles sein kann. Und doch beginnt er im Auto neben mir plötzlich zu weinen. Fasst sich zwischen die Augen, wie mein Vater, reibt seine Augenbrauen, seine kleinen Bruderlippen zittern, und es macht, dass ich aus dem Auto stiere, nicht hinsehen kann.

Er hat alles, aber es ist niemals genug. Immer wird er daran erinnert, dass noch mehr geht. Er hat gelernt, dass Selbstverwirklichung bedeutet, Freiheit zu erlangen, und dass Freiheit an Geld gekoppelt ist. Viel Geld haben heißt, viele Träume verwirklichen können, so die Annahme. Und jetzt, mit 34, erkennt er, viel früher als die meisten, dass es eine Illusion ist. Wir leben in einem System, das uns das Gefühl gibt, für das Sich-Erfüllen von Träumen bezahlt zu werden. Das kann nur unglücklich machen. Aber es ist ein Kreislauf, die Träume werden von Menschen produziert, damit andere wieder für diese Träume arbeiten. Ein komplizierter Kreislauf.

»Die Rolltreppen sind so lang, die U-Bahn so tief, dass wir alle Bürger von Pjöngjang schützen können«, erzählt mir die Frau. Sie steht vor mir auf der steilen Rolltreppe, ich sehe auf ihren Mittelscheitel. Menschen rasen in gefährlichem Tempo an mir vorbei nach oben. Es wird wärmer, je tiefer ich fahre.

»Schützen?«, frage ich, den Geruch der U-Bahn-Linie 5 schon in der Nase. Es ist der Geruch meiner Kindheit, meiner Jugend. Von Alexanderplatz bis Hönow fuhr diese Bahn, und sie roch immer nach verbranntem Gummi.

»Vor den Atomangriffen der Imperialisten«, sagt sie, und das ist kein Satz aus einem Geschichtsbuch über den Kalten Krieg, sondern die Lebenswirklichkeit dieser Frau und der Millionen Koreaner. Ich will einen Witz machen, aber ich tue es nicht.

Keine Werbung, keine Plakate, keine Ablenkung. Ich sehe nur Informationen, wohin es geht, wo der Ausgang ist und wer hier gerade herrscht. Ich sehe einen kunstvoll gestalteten U-Bahnhof nach russischem Vorbild. Mosaike, die die Errungenschaften einer Gesellschaft zeigen, die Wissenschaft und Bildung in den Mittelpunkt stellt, Mosaike von werktätigen Frauen und Männern in einer befreiten Gesellschaft.

Ein kleiner Kiosk verkauft im Halbdunkel von Stromsparlampen Tageszeitungen, in denen Kim auf Dinge zeigt. Und Hefte, in denen immer wieder das Gleiche über die komplizierte Staatsdoktrin steht. »Guck mal, Kim«, sage ich und zeige auf Kim, der auf Dinge zeigt.

»Ja, ja«, sagt sie und erklärt sofort, sie würde das Meme kennen. »Wir sagen aber nicht Kim«, erklärt sie mir. »Das ist sein Nachname, der Mann heißt Jong-un.«

Als wir in den U-Bahn-Waggon steigen, fühle ich mich dumm, grundsätzlich. In diesem Land, in dieser Kultur, zwischen all den mächtigen Statuen, fühle ich mich klein. Ich weiß, genau dieses Gefühl soll aufkommen, und es funktioniert bei mir.

Auch die U-Bahn ist dunkel, um mich herum stehen viele Koreaner, so viele, dass mir schwindelig wird. Wo wollen sie hin? Sind sie für mich hier? Soll ich den Eindruck einer normal funktionierenden Gesellschaft bekommen? Ich sehe ihnen ins Gesicht. Sie ziehen die gleichen schlecht gelaunten Gesichter wie die Menschen in der U-Bahn in Berlin. Aktentaschen auf Schößen, Frauen, die Bücher lesen, Männer, die aus dem Fenster ins Nichts starren, Kinder, die zu klein sind, um sich an der oberen Stange festzuhalten. Sie starren, wie ich gestarrt habe, wenn die U-Bahn fuhr. In diese U-Bahn-Tunnel-Dunkelheit zu starren hat etwas Befriedigendes, es ist die Meditation der Arbeitnehmer, der Schüler, jeden Morgen zur selben Zeit dieselbe Strecke, dieselben Kabelläufe. Das Schwarz der U-Bahn wird zur Leinwand für die eigene Fantasie. Und dann sehe ich an der Scheibe ein gekratztes Graffito.

»Krass«, sage ich zu der Frau, die mich begleitet.

»Was?«, fragt sie.

»Das habe ich gekratzt«, sage ich.

Ich, der 14-jährige Thilo mit einem Kratzstein aus dem Baumarkt, zerkratzte 1995 die Scheiben meiner U-Bahn, weil ich dachte, es sei cool. Und bis heute fährt diese Scheibe durch Pjöngjang. Jeden Morgen blicken Menschen auf meine kryptische Inschrift: CHR – IVOH. Jeden Morgen. Es macht mich schwindelig, als ich das sehe.

»Das ist die U-Bahn meiner Kindheit«, sage ich.

»Ach, was?«, sagt sie. Und lügt. Ich weiß, dass diese U-Bahn offiziell ein Geschenk aus China ist. In Wirklichkeit ist sie ein

Almosen aus der verstorbenen DDR. Die Legende will nicht, dass die Überbleibsel des gelebten Sozialismus durch Korea gefahren werden.

Die DDR pflegte gute Beziehungen zu diesem Land. Im Haus meiner Oma wohnte ein Botschafter, das erzählte sie mir, als ich sehr klein war. Sie zeigte auf den Mann im Flur und sagte: »Der kommt aus Nordkorea.« Ich habe es nicht verstanden, für mich kam er einfach gerade aus dem Fahrstuhl und schmiss etwas in den Müllschlucker.

Woran denken diese Menschen hier jeden Morgen in diesen Zügen, das Licht immer gedimmt, weil es nicht genug Strom gibt? Daran, nicht von einer Atombombe aufgelöst zu werden? Was träumen sie in einer Welt, die Armut kennt, aber nicht zeigen will? Alles außerhalb von Pjöngjang ist arm, Bauern, die unter einfachsten Umständen Reis anbauen und in ihrer Freizeit einfach nur überleben. In der Stadt dann der relative Luxus einer Gesellschaft, die keinen Luxus kennt.

Später im Schwimmbad – natürlich gehe ich auch in Pjöngjang schwimmen so wie überall auf der Welt – trinke ich einen Latte Macchiato und eine Coca-Cola für umgerechnet 64 Euro. Im Restaurant esse ich Entenzungen und trinke Tee. Ich friere dabei, weil die Heizung ausgefallen ist. Ich ziehe meine Jacke an, lege mir einen Schal auf den Schoß und beobachte die Kellnerinnen, wie sie ebenso frieren, aber dabei lächeln.

Die Frau zieht mich am Ärmel. Ich schreibe ihren Namen übrigens nicht in dieses Buch, weil ich nicht will, dass sie Probleme bekommt, deswegen heißt sie immer nur »die Frau«. »Wir sind da«, sagt sie. Und wir springen aus der U-Bahn, ich fotografiere die Tags und dabei, heimlich, die Gesichter der Menschen.

Es ist nicht richtig, nur über meinen Bruder zu schreiben, wenn ich das Gefühl doch selbst kenne. Und ich bin mir sicher, jeder Mensch kennt es, wirklich jeder. Träumen, Hoffen, Wörter mit ungehörigem Beiklang, die eine schöne Empfindung bezeichnen. Hoffnung ist ein Versprechen, der mächtigste Motor, der uns antreibt. Der Forensiker in El Salvador, der hofft, Erklärungen für die gewaltsamen Tode zu finden, der Eltern die Hoffnung nimmt, aber ihnen Gewissheit gibt. Der Junge aus Haiti im Darien Gap, der in den USA anzukommen hofft. Ich, der hofft, dass mein Leben immer so unberechenbar bleibt, wie es ist, und mein Bruder, der hofft, dass es irgendwann mal besser wird mit dem Gefühl der Verlorenheit.

Im größten Unglück spüren wir die größte Hoffnung. Eine Idee, ein Geschmack, die Vorstellung von etwas Besserem genügt, und wir werden noch trauriger. Das Gefühl eines Menschen, den wir kennenlernen, der schön und warm von einer Zukunft träumt, die nur beieinanderliegen kennt, die nur gemeinsame Reisen kennt, Küsse in den Nacken und geatmete Liebesbekundungen. Der Traum von Freiheit hat einen hohen Preis, den höchsten. Unsere Freude.

Wer auf Frieden hofft, muss im Krieg leben. Wer von Liebe träumt, muss sich ungeliebt fühlen, wer sich ein besseres Leben wünscht, muss in einem schlechten Leben wach sein.

Die Frau aus Korea lebt kein schlechtes Leben. Oder doch? Ist das Leben, das sie führt, ein schlechtes, weil sie in einer Diktatur privilegiert ist? Weil sie nicht erhängt, erschossen, verfolgt wird? Muss die Frau gegen Kim Jong-un sein, obwohl es ihr gut geht?

Ich lebe in einer Welt, in der ich mir Freiheit erarbeiten kann, aber trotzdem unglücklich sein darf. Mein Bruder lebt in einer Welt, in der er alles haben kann. Er ist frei im Vergleich zu all den Menschen, die ich auf meinen Reisen getroffen habe. Wenn ich mit erschöpfter Seele, still lesend, in Berlin mit der U-Bahn fahre nach meinen Reisen, dann habe auch ich diesen Gedanken: Ich lebe in einer Welt, in der alles stimmt.

Aber warum sind wir dann trotzdem nicht glücklich? Warum existieren so viele Menschen wie mein Bruder? Die das Unglück in sich tragen, obwohl es dafür keinen Grund gibt? Geld, Liebe, Playstation 5, alles ist da. Alles, wovon wir geträumt haben.

Mein Bruder kämpft sich die Treppen zum Fitnessstudio in Kreuzberg hinauf. Es ist keines dieser furchtbaren Studios, in denen das Testosteron wie Nikotin in einer Raucherwohnung an der Wand klebt. Normale Menschen machen hier Sport. Nur wenige wollen Bauchmuskeln und knackige Oberarme, die meisten wollen wieder glücklich sein.

Die Trainerin, eine feingliedrige Westberlinerin, gibt mit strenger Stimme Anweisungen. Als Jugendlicher hätte ich sie am Hermannplatz getroffen, hätte ich mich vor ihr gefürchtet, und gleichzeitig wäre ich fasziniert von ihr gewesen. Nur Westberlinerinnen haben diesen rauen Klang in der Stimme und können fordern, ohne etwas zurückzugeben. Ohne dabei streng zu sein. Nur sinnvoll. Sie erkennt den schwarzen Kern im Herzen meines Bruders sofort. Es ist seine erste Sportstunde, seit er nach dem Abitur den Turnbeutel in die Ecke geworfen hat. Unwillig steigt er in seine Sportkleidung, in seine Schuhe, seine Haut ist blau, weil es kalt ist und er schlecht durchblutet. Er hat keine Erwartungen, das weiß ich. Und das ist wichtig, weil er dann nicht enttäuscht werden kann.

Sport ist für meinen Bruder und mich die einzige Tätigkeit, mit der wir keinerlei Hoffnung verbinden. Alles, was er tut, was ich tue, ist immer mit einem Ziel verbunden.

Er will endlich seinen Studienkredit abbezahlt haben, damit das Leben einfacher wird. Wird es aber nicht werden. Er will endlich wieder Spaß an der Arbeit haben, er hat den Beruf gewechselt, vom Theatertischler zum Bauingenieur, und es wurde nicht spaßiger. Er möchte endlich wieder glücklich sein, und er ist es nur, wenn er in den Urlaub fährt, nach Norwegen, nach Österreich, nach Thailand. Dieses Glück lässt sich aus dem Urlaub nicht mit nach Hause nehmen. Die Traurigkeit macht auch Urlaub, wenn wir frei haben.

Sport hingegen hat kein Ziel, mein Bruder und ich, wir wollen niemals die Schnellsten sein, niemals mit etwas angeben. Wir wollen das Herz spüren, das in unserer Mitte schlägt. Und wenn wir das nicht mehr spüren, ist sowieso alles egal.

Ich beobachte meinen zaghaften Bruder, der sich an der Reckstange an Klimmzügen versucht. Der anfängt zu schwitzen und unbeholfen einen Medizinball über die Schulter wirft, ich sehe ein zaghaftes Lächeln, weil ich weiß, dass der nächste Gedanke nur einen Ballwurf entfernt ist. Es geht mir nicht darum, den kleinen Bauch meines Bruders wegzubekommen, es geht mir darum, dass dieses schwarze Herz mit jedem beschleunigten Schlag weniger schwarz wird. Dass die Traurigkeit an der Klimmzugstange verschwindet.

Und es funktioniert.

Nach der Sportstunde sitzt Berti im Auto wieder neben mir, die Scheiben beschlagen, weil er schwitzt. Und er lächelt. »Ich bin ganz weich«, sagt er. Dann schließt er an diesem Montagvormittag im Bezirk Kreuzberg seine Augen, lehnt seinen Kopf an den Gurt und will einfach mal nichts. Er hört auf das Rauschen in seinem Ohr, auf die Leere in seinem Kopf und vertraut darauf, in diesem Moment nichts zu träumen.

Für mich auf dem Fahrersitz allerdings, in meinem Kopf, herrscht mehr Lärm, denn in mir keimt eine Hoffnung. Ich hoffe, dass mein Bruder mit der unglücklichen Suche nach mehr Glück endlich aufhört. Wir werden wahnsinnig darüber, dem nachzujagen, was uns glücklich machen könnte. Wir verschwenden unser Leben damit, werden krank dabei. Und davor fürchte ich mich, mehr als vor allem anderen.

Als wir aus der U-Bahn-Station am Zoo treten, laufen die Frau und ich still nebeneinander, vorbei an Wohnblocks, die es fast baugleich in Berlin gibt. Koreanische Frauen in traditionellen Kleidern tanzen auf dem Hof, Kinder spielen mit Stöckern, Männer rauchen und unterhalten sich. Ich werde nicht beobachtet, nicht angesehen. Als sei es gewöhnlich, dass ein Mann aus Deutschland in Funktionskleidung durch eine nordkoreanische Wohngegend geht. Hierher werden die Touristen selten geführt, weil hier normales Leben stattfindet.

»Dürfen wir denn hier lang?«, frage ich und meine damit den schlechten Zustand der Wohnanlage. Der Hof festgetrampelter Schlamm, die Fenster klirrend dünn, die Fassade rissig.

»Ja«, sagt sie. »Warum nicht?« Und ich bin still, denn ich erkenne an mir die Überheblichkeit eines Reisenden, für den etwas nur gut sein kann, wenn es so gut ist wie bei ihm zu Hause. Dabei bin ich doch ganz ohne Erwartung in dieses Land gekommen, nur mit meiner Offenheit und Neugierde.

»Wovon träumst du?«, will ich von ihr wissen. Es ist eine Frage, die ich sehr oft stelle, es ist die häufigste Frage, die ich meinem Gegenüber stelle, wenn ich Zeit dazu habe. Ich habe sie Neonazis in Dortmund gestellt, auf dem Boden sitzend, erschöpft von mehrstündigen Gesprächen im Vorfeld, ich habe sie philippinischen Waffenbauern gestellt, syrischen Flüchtlingen, irakischen IS-Kämpfern, überlebenden Jesiden, Obdachlosen in Los Angeles und Tokio.

Die Antworten sind immer schön, egal, wem ich die Frage stelle, egal, wie vermeintlich schlecht ein Mensch ist. Die

Antworten sind immer besonders, und ich verstehe den Menschen, mit dem ich gerade spreche, danach besser. Manchmal stelle ich diese Frage auch, weil ich nicht mehr weiterweiß, weil ich etwas brauche, eine Information, um eine Anschlussfrage zu stellen. »Wovon träumst du?« hat mich noch nie enttäuscht. Immer, wirklich immer habe ich eine Antwort bekommen, die mich berührt, die mich interessiert, die es mir möglich macht, weiter zu fragen.

Der Neonazi, der von Ruhe träumt und von Reisen ins Ausland, der gerne Journalist wäre, um zu berichten, ganz unpolitisch, die Waffenbauer, die keine Werkzeuge des Todes mehr herstellen wollen, damit ihre Familien überleben können, die Flüchtlinge, die ihre Heimat vermissen und wieder zurückwollen, die IS-Kämpfer, die von einer Fanta und einem Döner in Deutschland träumen, die Jesiden, die davon träumen, nicht vergessen zu werden.

Diese Frage bricht das Schweigen, und jedes Mal lerne ich etwas dazu, wovon ich selbst träumen könnte. Es mag eine kitschige, simple Frage sein. Aber die Antworten darauf bedeuten mir sehr viel.

Die Frau läuft zügig vor mir. Wie jeder Mensch in Nordkorea versteht sie zivile Kleidung so zu tragen, als sei sie militärisch. Der feuchte Schlamm klebt an ihren Schuhen, ihre Jacke hat einen Fellkragen. In jedem Land, egal, wie arm, wie kaputt oder diktatorisch, gibt es privilegierte Menschen. Sie gehört dazu. Sie spricht fließend Englisch, besser als ich. Ihre Mutter ist Lehrerin. Ihr Vater war, das hat sie mir am Morgen erzählt, Botschafter in Kuba, sie kennt die lateinamerikanische Lockerheit, und ich spüre sie in ihrer Person.

In Nordkorea zählt das Begleiten von Touristen zu den begehrtesten Tätigkeiten, und viele Menschen glauben, dass sie dabei ständig überwacht würden. Aber diese Menschen wachen viel mehr darüber, dass das Regelwerk dieses Landes eingehalten wird, dass niemand die unsichtbaren Grenzen übertritt. Keine despektierlichen Fragen auf der Straße stellen, den Obersten Führer nicht beleidigen, das Hotel nach 20 Uhr nicht mehr verlassen, keine Fotos vom Militär und von den Ampelfrauen machen. Und natürlich werden die Ampelfrauen sofort fotografiert.

»Paris«, sagt sie. »Ich träume von Paris.« Das erzählt sie, als wir den Zoo erreichen, der tatsächlich ein echter Zoo ist. Ein dürres Pferd steht am Eingang, ein alter Mann hält es am Zaum, und sie fragt mich, ob ich ein Foto will, wie ich auf dem Pferd sitze. »Ja«, sage ich und habe Angst, dass dieser Klepper in der Mitte durchbricht. Eine kleine Holzleiter hilft mir hinauf. Als Stadtkind besitze ich keine Sicherheit auf einem Tier, das größer als ich ist.

»Ich will den Eiffelturm sehen, und ich will mir teure Mode kaufen«, erläutert sie mir ihren Wunsch. Und sie will Musik hören. Plötzlich beginnt sie ganz unverblümt von all dem zu erzählen, was in diesem Land strikt verboten ist. Konsum und westliche Popmusik. Katy Perry sei ihre Lieblingskünstlerin.

»Woher kennst du die Musik?«, will ich wissen.

Sie lacht, lacht mich aus. »Wir leben hier nicht hinter dem Mond«, sagt sie, »auch wenn ihr das immer denkt.« Ihr, das ist der Rest der Welt.

»Willst du keine Freiheit für dein Land?«, frage ich sie. Ich nehme dafür all meinen Mut zusammen, denn diese Frage gehört in die Kategorie Verboten.

Und wieder lacht sie. »Warum ist mein Land schlechter als dein Land?«, will sie von mir wissen. Und ich versuche ihr die Freiheit der Demokratie in wenigen Worten zu erklären, ganz kurz, weil ich noch auf dem Pferd sitze. Sie steht davor, streichelt die Nüstern, blickt mich an und will wissen, warum meine Freiheit besser sein soll als ihre Freiheit.

Und ich kann es ihr schwer erklären, weil ich weiß, dass

die Arbeitslager unserer Gesellschaft in Pakistan stehen, in Bangladesch. Weil ich weiß, dass für unsere Freiheit genauso Menschen sterben wie für ihre. Der große Unterschied ist: Europa macht kein Geheimnis daraus. Wir lassen Menschen im Mittelmeer ersaufen, wir töten Menschen im Irak, unsere Güter werden in chinesischen Fabriken zusammengesteckt. Tantal, Lithium, alles, was unsere Smartphones brauchen, kommt aus den Minen im Kongo, in denen Liebe heißt, nicht vergewaltigt zu werden. Wir beuten den Rest der Welt aus und verkaufen über perfide Umwege noch Waffen an den Terror.

»Was ist besser an eurer Freiheit?«, fragt sie mich jetzt strenger. Und ich habe keine Antwort darauf, ich weiß es wirklich nicht. Ist unsere Freiheit erträglicher, weil wir das Leid exportiert haben? Weil es nicht mehr bei uns zu Hause ist?

Ich steige vom Pferd, der alte Mann, der genauso klapprig ist wie das Pferd, bekommt Geld von ihr zugesteckt. Ich darf kein koreanisches Geld haben, könnte mir im Souvenirshop davon altes Geld kaufen. Wir spazieren durch den Zoo, in jedem Gehege Tiere im Überfluss, und im Reptilienhaus soll es ein Krokodil geben.

»Warum ist hier niemand?«, frage ich die Frau. Sie, ich, wir sind alleine in einem riesigen Zoo.

»Es ist Schule«, sagt sie. »Alle sind in der Schule oder auf Arbeit.«

Ich glaube ihr nicht, als sie mir das erklärt. Ich glaube in diesem Moment, dass das alles hier für mich inszeniert ist, die Geschäfte auf der Straße, die Menschen auf dem Hinterhof, das Essen, das Hotel, ja sogar sie, wie sie mit mir spricht. Ich sage es ihr.

»Du nimmst dich zu wichtig«, sagt sie. »Warum sollte sich mein Land so bemühen, dich zu belügen? Für wen hältst du dich?« Sie sagt es nicht streng, nicht abweisend, sondern einfach wie eine Tatsache: Es lohnt nicht den Aufwand, dich zu belügen.

»Willst du ins Schwimmbad?«, fragt sie.

»Ja«, antworte ich.

Ich werde mir dort eine Cola kaufen. Aluminium aus dem Kongo, verarbeitet in Island, abgefüllt in Südkorea. 18 Euro. Ich werde dort glücklich in einem Liegestuhl sitzen, mit nassen Haaren und roten Augen, müde vom Jetlag, von den Eindrücken, und ich weiß, dass dieser Moment ewig sein wird. Ich werde ihn nie vergessen. Und dann träume ich davon, noch mehr solcher Erlebnisse haben zu dürfen. Nicht nach Korea reisen können, nicht meinen Bruder zum befreienden Sport mitnehmen, nein. Sitzen, sehen und eine Cola trinken. Es ist ein Traum. Freiheit, die für viele das Eigenheim bedeutet, der Wagen, Partner, zu haben und dabei gesehen zu werden, ist für mich einfacher und zugleich schwerer zu haben. Ich hoffe, dass sich mir in meinem Leben noch möglichst lang Neues bietet, und vor allem, dass ich es erkenne, bis ich kein Leben mehr übrig habe.

10
Berge ohne Namen

Links und rechts ziehen Berge vorbei. Wie in einem alten Zeichentrickfilm scheinen es immer wieder dieselben Gipfel zu sein. In mir eine Aufregung, die ich lange nicht mehr verspürt habe. Das Flugzeug ist klein und kaputt, die Verschalungen an der Decke knarzen und reißen auf, wenn der Wind die Dash 8 von der Seite trifft. Und der Wind trifft hart. Ein Orkan weht mich über den Nordatlantik Richtung Grönland.

Alle außer mir schlafen. Kann nicht aufhören, aus dem Fenster zu starren, auch weil Propellermaschinen in geringerer Höhe fliegen als Düsenflugzeuge. Ich sehe die Erde und nicht wie sonst Filme auf dem iPad, wenn ich fliege.

Die Stewardess lächelt, reicht mir einen süßen Tee und ein Sandwich. Es schmeckt köstlich, wie selbst zubereitet. Air Greenland ist anders als die anderen Fluggesellschaften, mit denen ich in den letzten 20 Jahren gereist bin. Diese winzige Airline ist in der Welt vollkommen unbedeutend, für Grönland aber wichtig. Ihre Hubschrauber und Propellerflugzeuge bieten die einzige Möglichkeit, innerhalb des Landes zu reisen. Vielleicht braucht es diesen Wohlfühlfaktor, um von dem ständigen Gedanken abgelenkt zu werden, man könne im nächsten Moment abstürzen. Der Gurt hält mich im Sitz, der Tee schwappt auf meine Hand, die anderen Passagiere wachen nicht auf. Aber Angst, Angst habe ich keine.

Ich sehe in diese karge Landschaft, keine Wolken, ein weites Feld an namenlosen Bergen. Ich bin mir sicher, dass kein Mensch je hier war und Fahnen in die Gipfel gestoßen hat. Die Berge sind einsam, ich erkenne keinen Baum, keine Wiese, nur Geröll. Diese Weite, diese Leere machen mich ganz schwindelig, machen mich klein. Ich sehe etwas, das ich noch nie in meinem Leben gesehen habe: die Abwesenheit von Leben.

Ständig blicke ich auf meine Uhr. Ich kann es nicht erwarten, dass dieses Flugzeug landet, ich will die Luft am Flughafen von Nuuk einatmen. Am Flughafen die Luft einatmen ist oft der erste Eindruck eines Landes. Die schwere Luft in Bangkok, die klare Sehnsucht in Tokio, der Geruch von Gummi und Heimat in Berlin.

Auch will ich endlich landen, weil mir die Fantasie fehlt, wie Nuuk, die nördlichste Hauptstadt der Welt, wohl aussieht. Mein Kopf geht alle Möglichkeiten durch, ich stelle mir vor, was ich sehen werde, die Polarlichter, Eisbären, die aus Mülltonnen Speiseabfälle fischen, und manchmal auch einen Grönländer, der den Müll gerade wegwerfen wollte.

Jeder von uns hat einen Antrieb, eine Sucht, etwas, worauf er keinen Einfluss hat, was ihn in den Abgrund stürzen kann, aber auch auf Gipfel treibt. Für mich ist es das Neue. Ich unterwerfe mein Leben, mein Glück, meine Gesundheit der Suche nach Dingen, die ich noch nicht kenne, nicht verstehe, damit ich sie kennenlernen, verstehen kann.

Die Konsequenzen für mein Leben sind die gleichen wie bei einem Alkoholiker, bei einem Heroinsüchtigen. Mein Körper zerbricht daran, mein Sozialgefüge ist zerrüttet, Lieben sind daran kaputtgegangen, meine Seele ist ein Trümmerhaufen. Vom Selbstzerstörerischen schreibe ich mit dem gleichen Stolz wie Christiane F. in ihrem Buch *Wir Kinder vom Bahnhof Zoo*. Und würde es immer verteidigen. »Nur noch ein Mal«, würde ich sagen.

In den letzten Jahren habe ich den Schmerz, den diese Sucht erzeugt, nicht gespürt, ich habe ihn ignoriert. Die Jugendlichkeit meines Körpers und dass ich keine anderen Drogen konsumiere, also selten Alkohol trinke, extrem selten kiffe, niemals Kokain genommen habe, niemals MDMA, nur einmal Ecstasy, hat mich in den letzten fünf Jahren 933 459 Kilometer fliegen lassen, 2,43-mal zum Mond und zurück. 1372 Stunden in der Luft, acht Wochen sind das. Und ich habe es nicht gespürt, außer dass ich souverän wurde, die Welt mir keine Angst mehr einjagt, obwohl ich noch immer ein ängstlicher Mensch bin.

Die Welt kann mir nichts mehr antun, nur ich kann mich noch verletzen.

Als das Auto den Flughafen von Nuuk verlässt, ein Suzuki, vollgepackt mit unserem Equipment, spüre ich einen seltsamen Druck auf der Brust. Die Tatsache, dass ich Grönland nur verlassen kann, wenn Flugzeuge fliegen, ist beängstigend. Das Licht hier erinnert mich an Samoa, es schneidet aus einem flachen Winkel über die Stadt, wirft den ganzen Tag lange Schatten und zeichnet damit Seitenstraßen, die es nicht gibt.

Die Stadt. Vielleicht ist es auch nur ein Dorf. Eine bedrückende Traurigkeit liegt über Nuuk, vielleicht auch, weil die Stadt keine Planung kennt. Gesichtslose Architektur, ein Ort, als würde er aus winzigen Kongresszentren zusammengesetzt, Häuser mit verglasten Fassaden, die entweder Einkaufszentren sind oder Unterkünfte für Inuit, damit sie nicht mehr in der eisigen Landschaft leben, sondern in Wohnungen, die eine Heizung und Warmwasser kennen. Die Inuit wurden nicht gefragt, ob sie das wollten. Dänemark ist davon ausgegangen, dass ihre Freiheit, also Warmwasser und Dreizimmerwohnung, auch die Freiheit der Inuit ist. Ein Inuk verkauft auf der Straße, auf einer Decke, während der Boden weiß vor Reif ist, die letzten Dinge, die er aus solch einer Wohnung holen kann. Es ist normal. Es gibt keine Bäume, keine Parks. Nur Spielplätze mit Geräten, an denen die Hände festfrieren.

All das ist sofort spürbar, als das Auto die wenigen Straßen entlangfährt. Straßen, die nur im Kreis gehen, weil keine Straße aus der Stadt hinausführt. Nuuk wächst über seine Verhältnisse stark an, und das merke ich diesem Ort an. Das passiert, wenn Europäer ein Land kolonialisieren. Nuuk ist ein zerkratztes Spiegelbild Dänemarks. Und die Menschen hier hören nicht auf, sich gegen die Verwandlung, die Beschmutzung ihrer Heimat zu wehren.

Im Sommer wurde ich eingeladen, um auf einer Fete Olaf Scholz dafür zu beglückwünschen, dass er Kanzler werden soll. Nach Veröffentlichung einer Reportage, in der wir dem Sprecher der AfD-Bundestagsfraktion Menschenfeindlichkeit nachweisen konnten, in der wir belegen konnten, wie rechtsextrem die AfD ist, wurde ich auf SPD-Veranstaltungen eingeladen. Nicht weiter verwunderlich, ich bin Mitglied der SPD.

Die offizielle Begründung, warum ich Mitglied geworden bin, hängt natürlich mit festen sozialdemokratischen Überzeugungen zusammen.

In Wirklichkeit geht dies auf eine Wette mit meinem Vater am Abend der Bundestagswahl 2005 zurück. Mein Vater trank Bier, ich aß Würstchen, während wir die ersten Hochrechnungen verfolgten. Sie ließen auf ein Kopf-an-Kopf-Rennen der beiden großen Parteien schließen. Ich glaubte nicht, dass eine konservative CDU-Frau die Wahl gewinnen würde. Gegen die CDU und ihre Werte war ich sogar demonstrieren gegangen. Mein Kandidat war Gerhard Schröder, nur er konnte in einer globalisierten Welt dieses Land führen. So sah ich es zumindest damals.

»Wenn Schröder verliert, trittst du der SPD bei, wie dein Opa«, sagte mein Vater. »Gewinnt er, trete ich der PDS bei.« Das war sein Wetteinsatz.

Aufgrund dieser Wette stehe ich nun in Prenzlauer Berg vor einem Restaurant. Im Hintergrund sehe ich Iris Berben, eine Influencerin flattert um die Schauspielerin herum, ein Komiker mit Nietengürtel und zum Igel gegelten Haaren steht ebenfalls dort. Der Generalsekretär Lars Klingbeil trinkt hemdsärmelig Bier. Noch weiß er nicht, dass sein Wahlkampf erfolgreich sein wird.

Ich stehe dort, ich bin zurück aus Syrien, aus dem Irak, aus Mexiko, habe gerade eine Auftragsmörderin interviewt, ihre Sätze hallen in meinem Kopf wie ein wütend geworfener Pingpongball in einem winzigen Raum.

»Ich will nichts gefragt werden«, denke ich. Ich stehe dort und traue mich nicht hinein in das Restaurant. Weil ich Angst habe, dass ich gefragt werde, wie es mir geht und was ich erlebt habe. Ich kann es nicht erzählen. Und die Angst vor der Frage schnürt mir den Hals zu, ich fühle mich wie ein Müllsack, dessen dünnes Band sich langsam zuzieht. Damit der Müll nicht hinausfällt.

Ich muss nur meinen Corona-Pass vorzeigen. Ich kriege das doch sonst so gut hin, mit Menschen reden, mir ihre Geschichten anhören, ihnen zuhören. Die gelernten Gedanken zu neuen Fragen formulieren. Das ist, was ich kann. Denke ich unaufhörlich.

»Bitte, fragt mich nichts«, in meinem Kopf die innere Stimme, verzweifelt laut, ich kann den Gedanken nicht abstreifen und fange an zu wimmern, ohne dass es jemand hört. »Stille, ich will Stille!«, schreit es in mir. Meine Hände werden feucht, ich atme hastig, bekomme keine Luft.

Früher, da war ich neugierig zu sehen, wen ich auf einer Veranstaltung treffen würde. Mit großer Freude und Verachtung habe ich mit dem jetzigen Bild-TV-Chef Claus Strunz gestritten, habe am Weihnachtsbüfett von ProSieben nur Knödel auf meinen Teller gelegt, um dann betrunken mit einer vertrauten, weil absichtsfreien Moderatorin zu sprechen. Es hat mir Spaß bereitet, in der Mitte zu sein, aber am Rand zu stehen.

Jetzt, vor dieser Veranstaltung, ballt sich das Erlebte wie eine Faust und drückt mir gegen das Herz, bis es so schnell schlägt, dass ich anfange zu schwitzen, nach Luft zu ringen. Ich habe eine Panikattacke. 2021. Die erste meines Lebens. Das erste Mal, dass ich meine Psyche spüre, ist, als ich Olaf Scholz Guten Tag sagen soll und unbedingt keine Fragen zu Syrien beantworten möchte.

Ich möchte einfach nur allein sein. Ich möchte das Gegenteil vom Neuen, ich will das Gewohnte, das Gesunde, das Absichtsfreie. Ich will nach Hause.

Ich muss an den Vater meiner Freundin denken, mit dem ich viel Zeit an zu fällenden Bäumen verbracht habe. Wir kennen uns schon lange, die Grundlagen der Waldarbeit habe ich von ihm gelernt.

Ich muss daran denken, wie wir am Feuer sitzen, das auf einem Waldgrundstück lodert. Es wird oft genutzt, um ausgediente Möbel zu verbrennen. Ich frage ihn, welcher Abschnitt seines Lebens der beste war.

Er sieht mich an, und obwohl er diffuse Fragen nicht mag, antwortet er mir.

»Von 60 bis 70«, sagt er. »Die Unruhe des Lebens ist da weg, ich hatte genug Kraft, vielleicht sogar die meiste in meinem Leben«, sagt er.

Er wird nicht wissen, wie oft ich an diesen Satz denken

werde. Immer wenn ich traurig bin, wenn das Leben in zu hoher Geschwindigkeit voranschreitet, denke ich an diesen Satz. Ich lege die größten Sehnsüchte in eine Zeit, die bei mir in 20 bis 30 Jahren sein wird. Zeit mit Menschen verbringen, die mir so nahe sind, dass ich ihnen flüsternd sage, wie sehr ich sie liebe. Träume gemeinsamer Reisen unter dem hellen Licht des Mondes.

Und ich frage mich, ob wir alle die gleiche Sehnsucht nach dem vergangenen Jahrzehnt haben. Würde mich jetzt jemand fragen, welches mein bestes Jahrzehnt war, ich würde sagen, von 30 bis 40. Hier wurden die Weichen für mein Lebensglück gestellt, hier habe ich erlebt, was ich jetzt verarbeite. Vielleicht ist es das, was uns Menschen eint, über alle Grenzen hinweg. Der sehnsüchtige Blick zurück, die eingebildete Freiheit der Vergangenheit.

Ich habe Nuuk schon nach kurzer Zeit verstanden. Und weil hier so wenige Menschen leben, kann ich mich nicht mit ihnen treiben lassen. Man ist hier allein, obwohl Gesichter auf der Straße zu sehen sind. Ich friere, obwohl ich ein teures Schichtsystem aus Kleidung trage.

Die Straßen sind sicher, deswegen atme ich ruhig durch die Nase, nicht hektisch durch den Mund, die Hände in den Fäustlingen. Alles erinnert mich an einen Berliner Januartag. Die Leere der Stadt erinnert mich an das Berlin der Vorwendezeit. Aber ich bin mir nicht sicher, weil ich, egal, wo ich auf der Welt bin, Erinnerungen hervorrufen kann. Riesenräder, die mich an etwas denken lassen, Parks, die Erinnerungen hervorrufen, Berührungen, Gerüche, Haarfarben, die Art und Weise, wie Menschen im Supermarkt Waren mit ihrem Finger auf Festigkeit prüfen. Alles Gegenwärtige kann eine Erinnerung sein. Je mehr wir erleben, desto mehr können wir uns erinnern.

Meine Erinnerungen an die Kindheit sind doch nur Fotografien, die mir gezeigt wurden. Und Erzählungen anderer.

Die Polarlichter fliegen über meinen Kopf hinweg durch die schwärzeste Nacht. Sie sind mir zur Gewohnheit geworden, jeden Abend ziehen sie wie dumme Geister an meinem Fenster vorbei. Sie können niemanden erschrecken, weil sie nicht hinunterreichen in die Zimmer hinein. Rosa, Grün und Weiß bereichern das Land um mehr Farben, als es hier sonst gibt.

Ich bin heute mit Paanninguak, einer Inuk-Frau, drei Stunden Boot gefahren, raus durch die schneidende Kälte, vorbei an Eisbergen in ein kleines Dorf. Ihr Gesicht ist tätowiert, ihre Hände auch, und sie erzählt mir die Geschichte ihrer Tattoos, der Ringe auf ihren Fingern, mit Nadel und Faden tätowiert, das macht man hier so. Sie erzählt von einer Frau, die im Meer lebt, sie spricht monoton, aber mit zarter Miene und feinen Gesten, so fein wie das Gras am Ufer dieser mächtigen Fjorde. So monoton wie diese mächtige Landschaft, die Berge, die Gletscher seit 400 Millionen Jahren abgeschmirgelt haben, bis sie nur noch wie die alten Zähne eines sterbenden Tiers im Maul dieser Welt stehen.

»Eine Tochter«, sagt sie durch das Brummen des Motors hindurch. »Wollte nicht heiraten, aber ihre Eltern wollten sie unbedingt einem Mann geben.«

Und ich höre ihr aufmerksam zu.

»Der Vater und die Mutter ließen sie hier zurück.« Paanninguak zeigt auf die kargen Berge. »Die Eltern ruderten davon, weg von der Tochter, aber das Mädchen wollte mit, schwamm dem Boot hinterher, dem Kajak der Eltern.« Das Wort »Kajak« spricht sie auf Grönländisch aus, und es klingt so fremd, so schön. Es klingt nach mit Haut bespannten Booten, die sich durch eisiges Wasser kratzen, die, wenn sie kentern, alles mit auf den Grund nehmen.

»Das Mädchen hält sich an der Seite des Bootes fest, und es schaukelt gefährlich. Sie will zu ihren Eltern.« Doch der Vater, wütend, dass seine Tochter nicht heiraten will und nun das Boot fast zum Kentern bringt, greift nach der Axt. »Und er schlägt ihr die Finger ab.«

Die Frau mit den Gesichtstattoos blickt auf die Berge, in das kalte Wasser, und ich weiß, sie erzählt mir die Geschichte nicht als Schauermärchen, sondern weil sie ein Überrest dessen ist, was noch existiert von ihrer Kultur.

»Und dann?«, frage ich.

»Aus den abgeschlagenen Fingern sind die Wale und Seerobben entstanden, die Fische und alles, wovon wir Inuit leben können.«

Die Frau sitzt auf dem Grund des Meeres, und die Fischer danken ihr für all die Nahrung. Alle Meerestiere um Grönland müssen durch ihre Haare hindurchschwimmen, damit die Inuit sie fangen können.

»Was, wenn die Fischer nichts fangen?«

»Dann sind die Haare von Nuliajuk schmutzig, und ein Schamane muss sie auskämmen.«

Davon erzählen die tätowierten Finger dieser Frau. Sie markieren die Stelle, an der die Axt die Glieder trennten.

Ich beobachte eine Frau, die aus einer anderen Welt zu sein scheint, und sehne mich nach ihrer Normalität. Ich denke an all das, was ich erlebt habe und woraus ich mir mein Leben flechte. Dieses Leben, das ich jedes Jahr weniger verstehe.

Irgendwann lächelt sie. »Hast du schon mal Narwal probiert?«, fragt sie mich.

»Das Einhorn der Meere«, sage ich.

Sie nickt und lacht. »Das ist ein Zahn, kein Horn«, sagt sie.

Und ich verneine und erzähle von schlechtem Gewissen gegenüber dem Verspeisen von Meeressäugern, insbesondere Narwalen.

»Es ist mein Essen, du musst kein schlechtes Gewissen haben«, erklärt sie mir. »Um es zu verstehen, musst du es probieren«, sagt sie.

Ich nicke. Dann schweigen wir, teilen uns Kekse und Tee aus einer Thermoskanne. Und ich bin froh, dass sie mich nichts fragt. Ich kann jetzt still sein und das große Glück empfinden, gerade nichts über mich lernen zu müssen. In Grönland, in einem Fjord, auf dessen Grund eine Frau sitzt, fingerlos, ihre Haare ein feines Netz, durch das die Tiere des Meeres schwimmen.

Ich vergesse kurz, wann ich bin. Doch niemals, wo.

»Es ist mein Essen, du musst kein schlechtes Gewissen haben«, erklärt sie mir. »Um es zu verstehen, musst du es probieren«, sagt sie.

Ich nicke. Dann schweigen wir, teilen uns Kekse und Tee aus einer Thermoskanne. Und ich bin froh, dass sie mich nichts fragt. Ich kann jetzt still sein und das große Glück empfinden, gerade nichts über mich lernen zu müssen. In Grönland, in einem Fjord, auf dessen Grund eine Frau sitzt, fingerlos, ihre Haare ein feines Netz, durch das die Tiere des Meeres schwimmen.

Ich vergesse kurz, wann ich bin. Doch niemals, wo.

PETRA RESKI

ALS ICH EINMAL IN DEN CANAL GRANDE FIEL

Vom Leben in Venedig

Der Fischer, der Opernarien schmettert. Der Conte, der gegen Gondelserenaden kämpft. Der Gemüsehändler, der inmitten von Touristenströmen um seine Existenz bangt. Petra Reski kennt sie noch, die alten Venezianer und die Geheimnisse dieser Stadt, sie zeichnet ein wehmütiges Bild von Venedig, dessen Ausverkauf an den reinen Kommerz beschlossene Sache zu sein scheint. Ihr Buch ist ein leidenschaftlicher Erfahrungsbericht aus dem Sehnsuchtsort Venedig – der faszinierendsten Stadt der Welt.

> »Petra Reski verdanke ich meine grenzenlose Begeisterung für Venedig. Ihr Blick auf die Stadt ist kenntnisreich, leidenschaftlich, kritisch, humorvoll. Niemand hätte mir dieses Wunder besser näherbringen können als sie.«
>
> *Joachim Król*